VOLEVO I PANTALONI

A cura di: Zita Vaccaro
Illustrazioni: Per Illum

EDIZIONE SEMPLIFICATA AD USO
SCOLASTICO E AUTODIDATTICO

Le strutture ed i vocaboli usati in questa edizione sono
tra i più comuni della lingua italiana e sono stati scelti
in base ad una comparazione tra le seguenti opere:
Bartolini, Taglialiavini, Zampolli
– Lèssico di frequenza della lingua italiana comtemporanea –
Consiglio D'Europa – Livello soglia, Brambilla e Crotti –
Buongiorno! (Klett), Das VHS Zertifikat, Cremona e altri –
Buongiorno Italia! (BBC), Katerinov e Boriosi Katerinov –
Lingua e vita d'Italia (Ed. Scol. Bruno Mondadori).

Redattora: Ulla Malmmose

Design della copertina: Mette Plesner
Fotografia sulla copertina: Mette Plesner

© 1989 Arnoldo Mondadori Editore SpA
© 1993 EASY READERS, Copenhagen
- a subsidiary of Lindhardt og Ringhof Forlag A/S,
an Egmont company.
ISBN Danimarca 978-87-23-90078-4
www.easyreader.dk

Stampato in Danimarca da
Sangill Grafisk Produktion, Holme Olstrup

LARA CARDELLA

Lara Cardella è nata in una cittadina della Sicilia, Licata, nel 1969. Il suo primo romanzo,
«Volevo i pantaloni», è uno dei più sorprendenti
successi editoriali di questi ultimi anni. Una
settimana dopo la pubblicazione del libro, Lara
Cardella, in una intervista alla televisione italiana, ha criticato aspramente la mentalità ma-
schilista siciliana, e particolarmente di Licata,
che non lascia spazio alla libertà delle donne. Sia
il libro che l'intervista hanno suscitato violente
reazioni in Italia, e particolarmente in Sicilia,
sulla condizione della donna. Dal libro è stato
tratto un film.

Nel 1991 ha pubblicato il suo secondo romanzo, «Intorno a Laura».

Lara Cardella è tradotta in Germania, Francia,
Spagna, Gran Bretagna, Grecia, Polonia, Por-
togallo, Scandinavia e in tutti i maggiori Paesi
anche extraeuropei come Brasile e Corea.

Non ho mai sognato il Principe Azzurro.

E, *dalle mie parti*, chi non sogna il Principe Azzurro o sogna il Re dei Cieli o non sogna proprio. Io ho sognato il Re dei Cieli da quando avevo cinque anni e mi dicevano che *quel barbuto* fra le *nuvole* era mio padre. 5

Non ho mai amato mio padre, quello *terreno*, perché mi diceva di non portare i pantaloni e di non far vedere le gambe; invece quel Padre che dall'alto mi *proteggeva*, mi dava la speranza di poter un giorno *indossare* i pantaloni, come mio fratello, e di far vedere le gambe, come Ange- 10 lina, la figlia dell'*ingegner* Casarotti. Nella mia stanza, sul mio lettino, dipingevo quel Padre grande e lui mi tendeva la mano con amore. Poi entrava mio padre, e mi diceva: «Tu fai dei brutti peccati!» e non capiva che io amavo Dio. 15

Quando ho deciso di entrare in *convento*, ero molto giovane: andavo al *ginnasio*, con poveri risultati e molto dispiacere da parte di tutti. Nelle lunghissime ore di latino guardavo la finestra e pensavo a Lui che mi guardava e, forse, senza sapere gli sorridevo. 20

---

pantaloni, vedi illustrazione pag. 91
dalle mie parti, nel paese dove vivo
quel barbuto, quell'uomo con la barba lunga
nuvole, vedi illustrazione pag. 6
terreno, che vive sulla terra
proteggere, difendere, aiutare
indossare, mettersi
ingegner(e), chi dirige i lavori per costruire ponti, strade, ecc.
convento, luogo dove vivono le suore
ginnasio, i primi 2 anni della scuola superiore dove si studia
prima di andare all'università

Non avevo precisamente scelto di andare al ginnasio, ma le dure condizioni poste da mio padre («O la scuola o la casa») mi avevano spinto a preferire la scuola piuttosto che stare seduta davanti al *telaio* o davanti a una *conserva*
5 di pomodoro fatta in casa. Non ero adatta per i lavori di casa e tanto meno per gli *studi umanistici*; forse non ero adatta per nulla, ma qualcosa dovevo pure fare, soprattutto per dimostrare che non volevo farmi mantenere da un giovanotto di buona famiglia.
10 Come ho detto, in quel tempo sognavo di entrare in convento: immaginavo la mia vita tra le *suore*, a pregare, e quando vedevo delle suore per le vie del paese, non potevo fare a meno di guardare sotto le loro *tonache*, per vedere se portavano i pantaloni. Non andavo quasi mai a
15 *messa* però, perché, con tutta la buona volontà di questo mondo, non riuscivo a non addormentarmi mentre padre Domenico parlava e parlava.

La mia fede era di puro spirito e il mio rapporto con Dio era *delimitato* dalle quattro pareti della mia stanza, perché

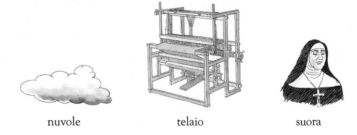

nuvole   telaio   suora

conserva, si fa per far durare a lungo i pomodori
studi umanistici, studio del latino e del greco
tonaca, vestito delle suore
messa, si va a messa, in chiesa, la domenica mattina per pregare
e ricordare Gesù Cristo
delimitare, segnare i limiti

così era solo mio e non dovevo dividerlo con nessuno. Non mi piacevano i preti e non avevo bisogno di loro per arrivare a Dio e del resto avevo deciso di *diventare*, tra poco, la *sua sposa*.

Le mie compagne di classe sognavano il Principe Azzurro.

Uscivano di casa con le loro lunghe *gonne* a fiori e le camicette bianche, poi arrivavano a scuola, si chiudevano nei bagni, *si truccavano* come quell'attrice famosa che avevano visto... Ma chi era?... Era... No, era quell'altra, ti sbagli... Si tiravano su la gonna, fino sopra il ginocchio.

Io le guardavo senza partecipare, ridevo di loro, mi sentivo superiore nella mia gonna blu con la camicia lunga e tutta bianca di mio padre, come nuova. Ridevo e pensavo alle scene di queste ragazzine che *si mettevano in mostra* nei *corridoi* della scuola. E i ragazzi le guardavano, e io sentivo Giovanni che diceva a Giampiero: «Hai visto che corpo? Io con quella...», e lì una serie di propositi *inimmaginabili*, e le fantasie che volavano, nutrite dalle riviste porno nascoste sotto il letto «Perché tu l'hai vista Angelina? Io con lei...».

Poi passavo io e lì silenzio, nessuno diceva niente, nessuno si accorgeva di me. Ma a me non importava. Io non sognavo il Principe Azzurro e non mi truccavo così per farmi *ammirare* dai ragazzi. E poi questo, per me, non era ammirare, ma offendere. E c'era anche il pericolo di la-

diventare sua sposa, diventare suora
gonna, vedi illustrazione pag. 91
truccarsi, mettersi colori sul viso per essere più bella
mettersi in mostra, fare tutto il possibile per farsi notare
corridoio, vedi illustrazione pag. 8
inimmaginabile, che non si può immaginare
ammirare, guardare e giudicare meraviglioso

7

Annetta guarda le compagne dal suo
solito angolo nel corridoio della scuola

sciarsi sorprendere dai professori e dal *preside*, allora sì che erano problemi! Il preside era un uomo molto duro, ammirava Hitler e cercava di comportarsi nello stesso modo, ma vi aggiungeva anche un poco del carattere di Mussolini. Tutte le mattine alle otto e trenta ci attendeva *in cima* alle scale e ci guardava con sguardo *feroce*. Non parlava quasi mai, scendeva lentamente le scale e controllava tutti e tutto: il modo di vestire, le gonne, le camicette, i visi, gli occhi, le bocche. La stessa scena si ripeteva al momento di uscire alle tredici e trenta, con la differenza che, questa volta, era più facile scoprire chi si truccava a scuola o chi aveva ancora la gonna tirata su.

In questi casi il preside diventava terribile e volavano *schiaffi* e *improperi*, e l'indomani, quando le ragazze venivano a scuola accompagnate dal padre, ancora *insulti*. E il padre assicurava al preside: «Ha fatto bene! Doveva ammazzarla questa *puttana*», le madri chiudevano in casa le figlie e quando andavano a fare la spesa tenevano gli occhi bassi per la *vergogna*, per il *disonore*. E in tutti i negozi si parlava di quello che era accaduto; e le donne, sedute al sole, tra le occhiate e i pissi-pissi: «L'hai vista? L'hai vista?».

Io assistevo a queste scene con fastidio, ma soprattutto mi chiedevo il perché. In fondo anch'io ero nata e vis-

---

preside, il capo del ginnasio
in cima, nel punto più alto
feroce, terribile, come una bestia
schiaffo, colpo dato sulla faccia con la mano aperta
improperio, parola molto brutta che si dice per offendere
insulto, vedi improperio
puttana, donna che fa commercio del proprio corpo
vergogna, sentimento che si prova per aver fatto una brutta azione
disonore, quando si è perso l'onore

suta nello stesso paese di questa gente, ma non riuscivo ancora a comprendere il motivo di tanto interesse per la vita *altrui*. Si sapeva sempre tutto di tutti e nessuno era *risparmiato*: le notizie volavano velocemente di bocca in
5 bocca e ad ogni passaggio si aggiungeva qualcosa di nuovo. Quindi se una ragazza tornava a casa in ritardo, quella, in un paio d'ore diventava una sicura «fuggita di casa»; se dalla casa dei vicini si udiva il rumore di un piatto che cade, quello era un sicuro segno di problemi
10 nel matrimonio, e via di questo passo.

Nessuno era *indifferente* a nulla: tutto interessava a tutti. E, in un certo senso, questo è il lato umano della mia gente: sicuramente non hai la libertà di *agire*, ma non hai neppure la libertà e il diritto di *crepare* da solo.
15 Neppure un cane crepa da solo nel mio paese.

Il *ritorno* in classe di queste *disonorate* era generalmente salutato da un grave silenzio. Naturalmente erano solo le bocche a tacere, perché le menti lavoravano al massimo: «Poverina, guarda! Ha la faccia rossa…» «Chissà quanti
20 schiaffi le hanno dato?», «Così impara come si viene a scuola!». E lei, la ragazza, avanzava lenta sotto gli sguardi di tutti, lei la disonorata, la puttana.

Ma poi veniva la *ricreazione* e la ragazza era al centro di quel fuoco di domande: «Ma cosa ti ha detto tua madre?
25 E tuo padre? Come ti hanno *picchiata*? E' vero che ti

---

altrui, degli altri
risparmiare, lasciare libero
indifferente, che non si interessa
agire, fare una cosa
crepare, morire
ritorno, atto di ritornare
disonorato, che ha perso l'onore
ricreazione, mezz'ora di riposo tra due lezioni
picchiare, colpire molte volte con la mano o con altro

hanno messa nuda al *balcone* e ti hanno picchiata con la *cinghia?* ... poverina!»

E nel fuoco di quelle domande e nel volare dei vari «poverina», la ragazza faceva del suo meglio, cercando di non far torto a nessuno. Poi, con nuova forza e coraggio 5 dichiarava a viva voce: «Passatemi il *rossetto*, và!».

Io, intanto, con il mio 60 di *seno-vita*-fianchi, continuavo a pensare alla mia vita di sposa di Cristo e quindi non mi interessava tanto il modo di vivere delle mie compagne. Non ero molto amata e non ero considerata 10 simpatica; la mia unica fortuna era di non essere la prima della classe, né la seconda, perciò non ero odiata. Ero guardata dall'alto in basso (esattamente come guardavo io le altre!) e considerata una mezza malata di mente, oltre che completamente *insignificante* dal punto di vi- 15 sta fisico.

Tutto questo non mi dispiaceva, anzi. Mi sentivo preferita da Dio e, dal punto di vista dello spirito, quasi perfetta. Ma non parlavo con nessuno dei miei progetti, della mia passione per il convento. Invece di parlare, 20 scrivevo i miei pensieri sulle stesse pagine dove scrivevo gli esercizi di matematica o di latino.

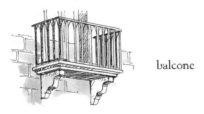

balcone

cinghia, vedi illustrazione pag. 91
rossetto, colore rosso che si dà sulla bocca
seno-vita, vedi illustrazione pag. 91
insignificante, che significa poco o nulla

11

Come ho già detto, non ero molto brava a scuola, ma c'era chi ne sapeva meno di me e mi chiedeva di *copiare* l'esercizio. Una volta ho dimenticato di cancellare i miei pensieri prima di passare il foglio e la mia compagna, invece di ringraziare, deve averne parlato con gli altri perché da quel giorno mi sentivo spesso cantare dietro: «*Monachella* mi devo fare...» e cose simili. Io allora, pur nella mia perfezione, talvolta dimenticavo la mia *santità* e gridavo come una *forsennata*.

Il peggio è stato quando la notizia è giunta alle orecchie di mio padre, e io, di fronte al suo sguardo *indagatore*, non ho potuto fare a meno di confessare.

Mio padre mi ha chiesto soltanto perché.

Io ho risposto: «Perché mi voglio mettere i pantaloni».

Naturalmente, mio padre non ha capito e io ho dovuto spiegargli la ragione del mio desiderio; allora è scoppiato a ridere. Io lo guardavo e non capivo. Poi mi ha detto, stavolta serio, mentre mi guardava negli occhi, durissimo: «Le monache non portano i pantaloni, hanno la tonaca, hai capito?».

Io non gli potevo credere!

Sono andata di corsa a chiudermi nella mia camera mentre gli gridavo che era un *bugiardo*. Per fortuna sono riuscita a chiudere a chiave e lui non ha potuto picchiarmi.

Avevo paura di mio padre, non soltanto per il dolore fisico. Era il suo sguardo che mi *incuteva terrore*, i suoi

---

copiare, scrivere la stessa cosa
monaca, vedi suora
santità, la condizione di santo
forsennato, matto
indagatore, che cerca di scoprire i pensieri di q.
bugiardo, chi dice il falso
incutere terrore, dare senso di grande paura

12

occhi che mi leggevano dentro, il suo *sopracciglio* che si alzava. Non avevamo un buon rapporto, non lo abbiamo mai avuto. Ero sua figlia quando doveva difendere la mia *rispettabilità* e garantirmi un *buon partito*. Per il resto, non parlavamo quasi mai, eravamo lontani anni luce e nessuno dei due abbandonava la sua posizione per avvicinarsi all'altro. **5**

Ero solo una donna e una donna, dalle mie parti, preoccupa sempre il padre fino a quando non viene trovato per lei un altro padre che, solo per caso, prende il nome **10** di marito. Donna è moglie, donna è madre, ma non è persona.

Per questo, forse, non ci siamo mai parlati e, sempre per questo, non ho mai potuto considerare la gente del mio paese come la «mia» gente. C'era un muro troppo alto **15** tra l'essere donna e l'essere persona e io non riuscivo a *uniformarmi*. Ho provato a cambiare il mio modo di vivere, ma purtroppo non sono mai riuscita a cambiare la mia anima, e questo era difficile da accettare a chi non la pensava come me. **20**

Da parte mia, non ho neppure provato a far cambiare la *mentalità* degli altri, perché li amo troppo per commettere una simile *violenza*. Ci sono *convinzioni* che sono tanto profonde in noi, al di là del tempo, dello spazio e dell'ambiente, e, se provi a uccidere queste convinzioni, **25** hai ucciso la persona, più che le idee.

sopracciglio, vedi illustrazione pag. 91
rispettabilità, rispetto da parte della gente
buon partito, marito ricco
uniformare, rendere uguale agli altri
mentalità, modo di vedere le cose
violenza, azione per convincere con la forza q. a fare qc.
convinzione, idea

C'è qualcosa che tuttavia sopravvive in te, e quello che resta è te stesso, il vero te stesso.

Dopo aver pianto per un po', ho aperto la finestra, che per fortuna era quasi una porta per la distanza da terra,
5 e sono scappata di casa. Non portavo niente con me, perché dovevo darmi a Dio così com'ero, e poi i pantaloni e la tonaca me li davano certamente loro.

Il viaggio non era molto lungo, ma il sole qui *rende faticoso* anche il non fare niente. Per arrivare al con-
10 vento si doveva attraversare la campagna, una campagna così bella che rende felice anche chi piange.

Sono giunta al convento stanchissima dopo aver camminato per più di mezz'ora sotto il sole; ho bussato una, due, tre volte…

15 Si *affaccia* al balcone una monaca. Dopo aver cercato con lo sguardo senza vedere nessuno, *rientra*.

Ero seduta davanti alla porta, sotto il balcone; avevo guardato all'insù e avevo visto la monaca, ma lei non mi aveva notato e io non avevo parlato, perché non sapevo
20 cosa dire.

Dopo qualche minuto, però, odo un rumore di *catenacci*, una, due, tre *mandate*, e ancora catenacci e catenacci e *tintinnare* di chiavi. Rimango *immobile*, seduta davanti alla porta e mi faccio piccola, il più piccola
25 possibile.

---

rendere faticoso, procurare fatica
affacciarsi, farsi vedere
rientrare, entrare di nuovo in casa
catenaccio, ferro che chiude una porta
mandata, giro di chiave
tintinnare, rumore che fanno le chiavi quando battono una contro l'altra
immobile, che non si muove

Poi un viso bianco come il latte si affaccia dal *portone*, si guarda attorno e mi vede. «Che ci fai tu qua?»

«Io… volevo dire… Io mi voglio fare monaca.»

«Ma chi sei?»

«Sono Annetta… Anna e voglio farmi monaca.» 5

«Questo l'ho capito, ma i tuoi genitori dove stanno?»

«Io… io non ne ho, sono *orfanella* e vivo da sola» e mi sono messa a piangere mentre pensavo a mio padre che mi voleva picchiare e sognavo di essere orfana davvero.

portone, grande porta che dà sulla strada
orfano, che non ha più i genitori perché sono morti

La monaca mi ha guardato in un modo strano, poi mi ha sorriso e mi ha fatto entrare.

«Bene, orfanella, mi dici qualcosa di te?»

«Cosa? Che cosa vuol sapere?»

5 «Ad esempio quanti anni hai, come sei vissuta fino a ora, se vai a scuola…»

«Ho tredici anni e non ci vado a scuola, perché non ho i soldi… Prima vivevo con mia zia Concetta, ma poi lei mi ha detto che me ne dovevo andare, perché non
10 sapeva più che darmi da mangiare…»

«Scusa un attimo, ma non hai detto che vivi da sola?»

«Ah, sì… Cioè, ora vivo da sola… e siccome non ho niente da mettermi… Mi dà un bicchiere d'acqua?»

«Certo, aspetta un attimo» e esce.

15 E io sono rimasta lì ad aspettare e a pensare a cosa inventare, e intanto mi guardavo attorno: un quadretto con la Madonna, una croce enorme che occupava mezza parete, due sedie, un tavolino, un vaso con dei *garofani* rossi.

20 Poi è ritornata la monaca e mi ha dato l'acqua freschissima, poi ha ricominciato con le domande.

«E ora devi dirmi perché vuoi diventare suora.»

«Io… voglio stare sempre con Dio.»

«Ho capito, ma perché proprio qui?»

25 «Perché sì… A casa mia, mio padre… volevo dire mio zio, dice che non posso portare i pantaloni…»

«I pantaloni? E che c'entrano i pantaloni?» La monaca era *visibilmente* divertita.

garofano

| *visibilmente*, molto chiaramente

16

«Ma voi, sotto la tonaca, non li portate i pantaloni? Io ho visto che padre Domenico ha i pantaloni sotto la tonaca...»

«Ma lui è un uomo... No, Annetta, noi non li portiamo i pantaloni, credimi» e cercava di trattenersi dal ridere e di non guardarmi.

Era difficile per lei capire.

«Ma allora, una si deve fare prete per portarli?»

«Non è necessario essere un prete... basta essere un uomo...»

Me ne sono andata tristissima, accompagnata dallo sguardo divertito di quella monaca, ma con una nuova idea per la testa: «Se solo gli uomini possono portare i pantaloni, allora io voglio essere un uomo».

Ora non mi interessava più diventare monaca e dovevo invece prepararmi a diventare maschio, cosa che senz'altro richiedeva molto più della mia semplice, pur se molto forte, volontà.

Il problema, adesso, era ritornare a casa... Ero mancata per più di due ore, e sicuramente si erano accorti della mia *assenza*. Non sapevo come fare a trovare una scusa per evitare di essere picchiata da mio padre.

Appena giunta a casa, non ho avuto il tempo di parlare, perché mio padre, dietro la porta, mi aspettava con la cinghia in mano.

«Ah, sei qua? Dove sei stata?»

Avevo una paura terribile. Mio padre mi guardava *calmo*, con gli occhi di fuoco.

Era sempre così quando mi doveva picchiare. Io non potevo fare nulla, non potevo nemmeno parlare dalla

---

assenza, contrario di presenza
calmo, tranquillo

paura, ma il mio silenzio lo *irritava* ancora di più.

«Ah, non parli? Non hai niente da dire?»

Ed ecco, finalmente, appare mia madre. Certamente veniva a salvarmi... mia madre, una donna con i capelli grigi, la *veste* verde a grossi fiori gialli e con i piedi nudi. Mia madre che si getta su di me e grida: «Sei venuta, ah, brutta puttana? Dove sei stata?»

E mio padre che comincia a picchiarmi.

Io piangevo e sentivo mia madre gridare: «Così, così, ammazzala, ammazzala» e mio padre picchiava sempre più forte.

Credevo di morire, mi sono *accasciata* mentre sentivo mia madre che diceva: «Basta, basta, hai ammazzato mia figlia... E cosa sei? Un cane? Neppure le bestie si trattano così!»

Poi mia madre si è avvicinata, dolce e preoccupata: «Ti fa male? Ti fa male? Dove? Dove? Lascialo perdere, tu lo sai come è fatto tuo padre. Però mi devi giurare che non lo fai mai più. Avanti, alzati, dai, che non è niente!»

Io l'ho guardata dal basso all'alto senza parlare, poi mi sono *rialzata* e sono scappata nella mia stanza, a pensare alla *realizzazione* della mia nuova idea: essere un uomo.

Ma com'era o, meglio, chi era un uomo? Sentivo spesso ripetere, da mio padre, mia madre, i miei zii, *frasi* quali: «Non piangere... Tu sei un maschio...» oppure «Un maschio non gioca con le femmine!» o ancora «Guarda... gli *spunta* la barba!»

---

irritare, fare perdere la pazienza
veste, vestito da donna
accasciarsi, perdere le forze e cadere in terra
rialzarsi, alzarsi dopo essere caduto
realizzazione, atto di trasformare in realtà una idea
frase, gruppo di più parole
spuntare, crescere per la prima volta

Il maschio, il vero maschio, era una razza molto parti-colare: era *volgare*, forte, coraggioso e *spietato*.

Avevo vissuto una vita con un maschio, a casa mia, e avevo sempre dovuto sopportare le regole della *tradi-zione*. Mio fratello era più grande di me, e questo sem- 5 brava dargli l'autorità di farmi da padre, quando mio padre era in campagna. Con Antonio non avevo alcun rapporto, ero diversa, troppo donna, per poter parlare, e del resto restava raramente a casa. Mio fratello aiutava mio padre a lavorare in campagna e, quando tornava, 10 usciva. Spesso ritornava *ubriaco* a casa, a notte tarda, *sbatteva* contro qualche mobile e poi si buttava sul letto così com'era, vestito e con le scarpe. Non lo odiavo, come non ho mai odiato nessuno, ma non lo consideravo mio fratello. In fondo, in comune avevamo solo una donna 15 che solo per caso era mia madre.

Per riuscire a realizzare il mio proposito ho comincia-to a osservare attentamente la strana razza, e in parti-colare mio cugino Angelo. Angelo aveva tredici anni, capelli e occhi nerissimi. Lavorava in campagna con suo 20 padre, lo zio Giovanni, non andava a scuola perché non gli serviva, era intelligente e sveglio, si comportava da maschio.

Io lo seguivo in campagna, lo osservavo mentre lavo-rava, oppure quando si chiudeva nella *stalla* a fumare i 25 *mozziconi* di sigaretta gettati dal padre, quando si guar-

---

volgare, contrario di gentile
spietato, senza pietà
tradizione, modo di vivere che continua da moltissimi anni
ubriaco, che ha bevuto troppo vino o altro alcool
sbattere, battere il corpo o la testa contro qc.
stalla, casa delle bestie
mozzicone, ultimo pezzo di una sigaretta, che si butta via dopo aver fumato

dava allo *specchio* per vedere se gli cresceva la barba. E lo *imitavo*.

Così mentre le mie compagne andavano nei bagni per truccarsi, io mi chiudevo nel bagno e mi facevo la barba
5 piano piano, oppure *mi esercitavo* a stare in piedi al *gabinetto*, come avevo visto fare a lui. Ho provato anche a usare il tabacco e, dopo qualche problema all'inizio, sono riuscita a fumare fino a trenta mozziconi al giorno.

Ormai ero diventata quasi l'ombra di mio cugino: lo
10 seguivo *dappertutto*, studiavo il suo modo di fare. Neanche il tempo di girarsi che ZAC!, *spuntavo* io. A poco a poco sono riuscita a farmi accettare da lui. E' stato l'unica persona a cui ho detto il mio *segreto*, non di mia volontà, ma perché un giorno mi aveva *spiato* mentre ero al ga-
15 binetto e aveva visto che stavo in piedi come un uomo. Non ho potuto trovare alcuna scusa *credibile* e sono stata costretta a confessare.

Angelo, a questa notizia, si è messo a ridere, ma poi, visto che io ero molto seria, ha deciso di diventare il mio
20 *istruttore*. E mi portava sempre con sé, da tutte le parti, anche al gabinetto. Mi ha insegnato a tirare le pietre, anche con gli occhi chiusi, a rubare i pomodori dello zio Vincenzino, a camminare da maschio e a stringere la mano da uomo.

specchio, vetro speciale che si usa per vedere sé stessi
imitare, fare le stesse cose che fa un'altra persona
esercitarsi, provare tante volte la stessa cosa per diventare sempre più bravo
gabinetto, W.C.
dappertutto, in tutti i luoghi
spuntare, apparire
segreto, cosa che non si vuol raccontare a nessuno
spiare, guardare senza farsi vedere
credibile, che si può far credere vero
istruttore, maestro

Un giorno mi ha fatto vedere le riviste porno del padre e questa è stata una cosa davvero particolare per me che, con le mie idee di farmi monaca, quando vedevo una *immagine* di un uomo nudo nei libri di *scienze*, la coprivo subito con un foglio o con un altro libro, non certo con la mano. Ho notato con sorpresa che gli uomini della rivista avevano una strana cosa tra le gambe. Allora ho guardato Angelo in mezzo alle gambe e poi negli occhi... e lui rideva.

«Ma non lo sapevi che siamo così?»

Non lo sapevo. Quando andavamo al gabinetto insieme a fare la pipì, Angelo si girava sempre dall'altra parte, e io vedevo solo le sue spalle.

Il mio *tirocinio* era durato appena due mesi: due mesi di speranze, di *illusioni*, per accorgermi alla fine che era tutto inutile, che certamente io non potevo mai avere quella cosa tra le gambe, e quindi non potevo diventare maschio e non potevo portare i pantaloni.

Così sono ritornata alla mia solita vita di femmina, mi sono allontanata da Angelo e vivevo infelice e scontenta nella mia lunga gonna blu.

A casa, ormai, avevano dimenticato i miei peccati e la vita era tornata normale: mia madre che mi tirava le scarpe dietro, perché non l'aiutavo nelle faccende di casa, mio padre che mi tirava le scarpe dietro, perché gli avevo rovinato la sua camicia bianca e mio fratello che mi tirava le scarpe dietro, perché gli avevo distrutto il *completo da barba*.

immagine, figura
scienza, le «scienze naturali» si studiano a scuola per conoscere il corpo umano, la botanica, la chimica, ecc.
tirocinio, periodo in cui una persona si esercita
illusione, falsa impressione che viene creduta realtà
completo da barba, tutte le cose necessarie per tagliare la barba

Ho cominciato ad avere un po' di pace quando mio fratello è partito per la Germania, a cercare lavoro; non era proprio cattivo con me, ma, certo, se stava lontano io stavo meglio.

5 In Germania mio fratello è rimasto per ben sette anni: lì aveva conosciuto una ragazza, lì si sono sposati e lì hanno avuto i loro tre figli, nati uno di seguito all'altro. I miei genitori avevano sperato in un aiuto *finanziario* da parte sua, ma mio fratello si era fatto sentire solo dopo 10 quattro mesi, per chiedere soldi, e in seguito ogni due, tre mesi, con una letterina in cui ripeteva che i soldi erano pochi e lui doveva pur mangiare. Poi, come ho già detto, si è sposato e ce lo ha fatto sapere dopo due mesi, altrettanto per i miei nipoti. Infine, dopo quei sette anni, 15 è tornato a casa. Per farci conoscere la sua famiglia, così aveva detto, ma ancora adesso sta a casa dei miei genitori e ancora non ha trovato lavoro.

Quando è arrivato dalla Germania, tutto sembrava come in un film americano: ha suonato il *claxon* per 20 cinque minuti buoni sotto il portone di casa e quando mi sono affacciata a guardare, ho visto una automobile enorme ferma sotto casa e un braccio che *si sporgeva* dal finestrino. Mio fratello aveva portato le *caramelle* per tutti e di tutte le specie; a me piacevano soprattutto quelle 25 *gommose* al gusto della Coca-Cola.

Appena entrato in casa, mia madre lo aveva *abbracciato*

---

finanziario, di denaro
claxon, c'è sulle automobili e serve per suonare quando c'è pericolo
sporgersi, uscire fuori
caramelle, piccoli dolci di zucchero
gommoso, come la gomma
abbracciare, circondare con le braccia in segno di amore

23

e baciato molte volte e continuava ad abbracciarlo e baciarlo senza finire. Poi, finalmente, si è accorta che c'erano con lui anche quattro *esseri* biondi, stanchi e con enormi valigioni in mano. Allora Antonio ci ha
5 presentato la moglie Karina e i figli Giuseppe, Peter e Ingrid. Naturalmente sia mia cognata che i miei tre nipoti non capivano quasi nulla di italiano, solo alcune parole molto brutte in siciliano.

Mia madre non la smetteva mai di offrire dolci e di
10 domandare come era la Germania.

Dalle risposte di mio fratello, dagli abiti di mia cognata e dei miei nipoti, e dall'automobile che avevamo visto, ci eravamo convinti di avere in casa un *miliardario*, o giù di lì. Antonio ci parlava di una grande fabbrica, della
15 posizione importante che aveva, dei mobili della sua grande casa a *Colonia*, ma non parlava di andare via. Ora abitava con i miei genitori, lui e la sua famiglia, e i miei genitori dovevano provvedere a tutti quanti. Più tardi abbiamo saputo che in quella fabbrica era un *inser-*
20 *viente*, che tutti gli davano del tu e che la casa si trovava fuori città e non era la sua. La macchina non era nuova, ma molto vecchia e, per pagarla e poter tornare, aveva venduto tutto, aveva rubato dalla cassa («Tanto quelli hanno tanti soldi da poterli buttare» diceva lui) e lo
25 avevano *licenziato*.

In quei sette anni, comunque, ho vissuto da figlia unica. Continuavo normalmente ad andare a scuola con il poco risultato di sempre e con la stessa poca

essere, persona
miliardario, molto ricco, che possiede miliardi di lire
Colonia, Köln
inserviente, persona che fa i servizi per altre persone
licenziare, mandare via da un posto di lavoro

considerazione di sempre da parte delle mie compagne. Anche loro avevano dimenticato il mio passato di *aspirante* sposa di Cristo e si occupavano solo delle loro *carriere* di vamp. Tutto era come al solito: le ragazze si mettevano in vista, i ragazzi dicevano cose volgari e il preside dava schiaffi. Anche se non ero più considerata una monachella stavo sempre *in disparte*. In fondo, però, le ore di scuola erano le uniche a presentare, per me, qualche interesse, perché il resto della mia vita era il nulla più *assoluto*.

Ero in quell'età difficile in cui non sei più una bambina, ma non sei neppure una donna: non potevo star fuori con i miei *coetanei* come nei begli anni della mia *infanzia* quando costruivamo *monopattini* e poi facevamo velocissime corse, a volte fino al mare. A uno di questi monopattini ero particolarmente *affezionata*: l'avevo costruito con le mie mani e l'avevo *verniciato* tutto di giallo. Non avevamo soldi e inventavamo molte piccole attività per guadagnare qualcosa.

monopattino

tovagliolo

tovaglia

considerazione, rispetto
aspirante, che desidera diventare qc.
carriera, si fa carriera quando si ha successo in un lavoro
in disparte, stare in disparte, stare un poco lontano dagli altri, non partecipare
assoluto, senza limiti
coetaneo, che ha la stessa età
infanzia, periodo della vita da 0 a 12 anni
affezionato, essere affezionato a qc: amare qc.
verniciare, coprire di colore

A volte, prendevamo delle sedie, le sistemavamo in fila nella piazza, poi prendevamo i vestiti, le *tovaglie*, i *tovaglioli* e provavamo a venderli. Ma non facevamo grandi affari! Solo una volta una signora si era fermata, 5 interessata a una tovaglia, ma l'affare non era stato concluso a causa di alcune macchie e di alcuni *strappi*.

Ma non era finita lì la nostra fantasia: organizzavamo *collette*; giravamo per il paese con dei piattini e le *santine* e chiedevamo *offerte* per la chiesa. Una volta, con le 10 santine, siamo riusciti a guadagnare qualcosa, ed abbiamo quindi deciso di *ampliare* l'attività con delle vere e proprie messe nel cortile dietro casa.

Ma rubavamo anche, specialmente io e mia cugina Rosa. Eravamo più o meno coetanee, alte uguali e vestite 15 allo stesso modo per volontà delle nostre madri. Sembravamo proprio due brave bambine con i visi dolci e *innocenti*. Rubavamo grandi scatole di *cioccolatini* sotto gli occhi dei *commercianti*: una di noi parlava con il padrone e l'altra prendeva il *bottino*. Uscivamo tranquille, 20 facevamo qualche passo e poi, di corsa, verso i giardini pubblici a goderci i *guadagni* del nostro lavoro. Ho mangiato molte altre volte cioccolatini, ma mai più hanno avuto quel sapore.

---

tovaglia, tovagliolo, vedi illustrazione pag. 25
strappo, punto dove la tovaglia è strappata
colletta, si fa per raccogliere soldi
santina, piccola cartolina con la figura di un santo
offerta, soldi che si offrono in regalo
ampliare, fare più grande
innocente, di chi è senza colpa
cioccolatini, piccoli dolci di cioccolato
commerciante, chi vende
bottino, cose rubate
guadagno, quello che si è guadagnato

Come ho già detto, non potevo più uscire con i miei coetanei, compagni di gioco, ormai non ero più una bambina: adesso in ogni gesto poteva esserci *malizia*, ogni parola poteva essere *fraintesa* e il bagno nudi era un ricordo lontano. 5

Il peggio è stato quando mi sono venute, per la prima volta, le *mestruazioni*. Dalle mie parti c'è l'abitudine, o meglio, la tradizione, perché qui si vive di tradizioni, di *rendere partecipi* dell'*avvenimento* tutti i parenti. E' una tradizione dal gusto molto *discutibile* e dalle regole ancora più discutibili. Con i miei compagni di gioco avevo parlato delle «cose», del seno che s'*ingrossava*, e ne ridevamo. 10

Quando mi sono accorta di avere le mestruazioni l'ho detto subito a mia madre e lei mi ha chiesto, con gli occhi 15 bassi: «Lo sai che cosa significa?» Io le ho risposto: «No» e lei mi ha detto «Dai, che lo sai!» e se ne è andata.

Non ricordo esattamente l'ora dell'avvenimento, ma di sicuro era di sera, sul tardi. La mattina dopo casa mia era diventata una specie di sala: tanta gente in casa come 20 quando muore qualcuno. Ma non era morto nessuno e quelle visite e quelle attenzioni erano rivolte a me. Tutti mi tendevano le mani, mi abbracciavano, mi dicevano «auguri». E io, rossa dalla vergogna, continuavo a dire «grazie» a tutti. 25

---

malizia, intenzione di commettere un'azione che dà disonore
fraintendere, capire in modo sbagliato
mestruazioni, le hanno solo le donne: sangue che si perde ogni mese
rendere partecipe di un avvenimento, far partecipare q. a quello che succede
discutibile, di cattivo gusto
ingrossare, diventare grosso

27

Mio padre, naturalmente, come tutti gli uomini, è stato l'unico a non esprimersi in proposito, a non dire niente, a evitare discorsi sull'avvenimento. Non per tatto o per un *riguardo* verso di me, è chiaro, ma perché queste non erano questioni da uomini.

Io non mi sentivo per nulla diversa. Tra l'altro il seno non era per nulla più grosso e i *reggiseni* che le varie zie, come da tradizione, mi avevano regalato, erano stati messi nella *cassapanca*, assieme al mio *corredo*, già pronto da quando avevo cinque anni. L'unica *novità* era che, di nuovo, avevo il desiderio di indossare i pantaloni.

Ho fatto la *richiesta* a mia madre e la sua risposta, innocente, ha *rivoluzionato* la mia vita di *adolescente*. Mi ha detto: «I pantaloni lasciali portare ai maschi e alle puttane».

Siccome maschio non potevo diventare, ho deciso di diventare puttana.

Per capire la strada che una ragazza deve seguire per diventare puttana, bisogna spiegare il *significato* della parola «puttana». Dalle mie parti, la puttana non è qualunque donna che vende il suo corpo a qualche ricco signore; puttana è qualunque donna che nel modo di vestire e negli *atteggiamenti* appare, per così dire, *libertina*.

---

riguardo, cura, attenzione
reggiseno, cassapanca, vedi illustrazione pag. 91
corredo, vestiti, tovaglie, e altre cose che una donna porta con sé quando si sposa
novità, cosa nuova
richiesta, domanda
rivoluzionare, cambiare completamente
adolescente, ragazzo
significato, senso
atteggiamento, modo di comportarsi
libertino, molto libero, che pensa solo a divertirsi

Questo non significa, necessariamente, che tale donna *passi* da un letto all'altro, cosa che, a dire il vero, non avviene quasi mai. La puttana è una donna che fa parlare gli altri, una specie di opera *sociale*.

Per poter capire che cosa si intende per opera sociale bisogna conoscere bene la mentalità *paesana*. Dalle mie parti, quasi nessuno è veramente cattivo, quando si parla degli altri non è per fare del male, è solo perché il mio paese non ha mai offerto molto, nessuna attività, nessun *divertimento*, non succede quasi mai nulla. Allora si usa la fantasia.

L'opera sociale delle puttane è proprio quella di far parlare la gente, di fare usare la fantasia.

Io in ogni caso non desideravo diventare la solita brava figliola che esce solo nelle grandi feste con i genitori per trovare marito, che cammina a testa bassa e non guarda nessuno. Io volevo essere una puttana alla luce del sole, il mio nome doveva passare da una bocca all'altra e, finalmente, potevo mettermi i pantaloni.

Il mio *apprendistato* è cominciato a scuola dove studiavo attentamente le mie compagne. Non potevo permettermi di comprare rossetti, *fard* o roba del genere, non avevo i soldi e non potevo certo chiederli ai miei genitori, così, i primi tempi mi sono *accontentata* di guardare le altre dal mio solito *angolino*. Più tardi, però, ho cercato di avvicinarmi a loro, di sapere qualcosa di

passi, cong. pres. di passare, 3a pers. sing.
sociale, che fa qualcosa per aiutare la società
paesano, del paese
divertimento, ciò che fa divertire
apprendistato, vedi tirocinio
fard, colore che si mette sul viso
accontentarsi, essere contento anche se si ha poco
angolo, vedi illustrazione pag. 8

più su quel mondo e ho anche cominciato a fare le prime, *timide* domande.

Erano domande stupide e da stupida venivo trattata, ma non mi davo per vinta. Cominciavo ad alzare un po', 5 ma solo un po', la gonnella ma senza ottenere i risultati che ottenevano le mie compagne.

Però finalmente un giorno mi è arrivato un aiuto dal cielo nella persona di Angelina Casarotti, la figlia dell'ingegnere.

10 Angelina era una nota puttana, era arrivata da poco in paese dopo essere stata per più di tredici anni al nord. Era stata *educata* in modo profondamente diverso da noi: Angelina era molto libera, *organizzava* tante feste, usciva quando voleva, e mai da sola: c'erano sempre tre, quat- 15 tro ragazzi pronti ad accompagnarla. Portava pantaloni molto stretti oppure gonne corte e leggere che si alzavano al vento e così le si vedevano tutte le gambe, e lei rideva con i denti bianchi bianchi e le *labbra* rosse. Guardava tutti in faccia, gli occhi negli occhi e non li *abbassava* 20 mai, nemmeno quando i professori la *rimproveravano*.

Per le ragazze Angelina era un *idolo*. Per me no: io la consideravo piuttosto stupida; ma ora lei aveva deciso di aiutarmi nel mio progetto, forse perché le facevo pena. Così, quel giorno mi si era avvicinata mentre ero nel 25 bagno durante la ricreazione e mi guardavo nello specchio. Mi aveva preso i capelli e me li aveva alzati.

---

timido, poco sicuro, che ha paura di sbagliare
educare, insegnare ai bambini, ai giovani, le regole di vita
organizzare, preparare
labbra, vedi illustrazione pag. 91
abbassare gli occhi, guardare in basso
rimproverare, dire a q. che ha fatto una cosa sbagliata
idolo, persona o cosa molto amata, quasi come un dio

«Stai meglio con i capelli così, non credi?»

Io l'avevo guardata nello specchio senza riuscire a dire una parola, avevo solo fatto *cenno* di sì con la testa. Allora lei mi aveva preso per mano, mi aveva guidato verso uno dei gabinetti liberi e mi aveva detto: «Io e te dobbiamo parlare».

Appena giunte, lei si era seduta sul W.C., aveva preso una sigaretta, l'aveva accesa, mi aveva guardato *fissa* negli occhi e mi aveva detto: «Non è difficile, basta solo un po' di buona volontà. Se vuoi, ti posso inse- gnare».

Io la guardavo *ammirata* e *stupita*, convinta di non riuscire mai a diventare brava come lei, mai, ma volevo almeno provare. Di questo ero sicura.

Da quel giorno Angelina e io siamo diventate *insepa- rabili*. Lei mi trattava come un'*indigena* da *civilizzare*, ma non era un prezzo troppo alto. Mi ha insegnato a truc- carmi, a scegliere i colori giusti. Non *si arrabbiava* quasi mai, non gridava e non era mai volgare, al massimo mi diceva :«*Ebete*».

Mi ha insegnato come camminare, come comportar- mi, come parlare, come guardare, come ascoltare, come ridere, come sorridere, come essere seria, come mangiare, come bere, come sedermi, come alzarmi, come alzare i capelli. E tante altre cose.

---

cenno, segno
fisso, diritto
ammirato, vedi ammirare
stupito, con sorpresa
inseparabile, che non si può separare
indigeno, chi è nato e abita in un paese non civile
civilizzare, cambiare per fare più civile
arrabbiarsi, non essere contento e quindi gridare e dire brutte parole
ebete, stupido

«Quando parli con un ragazzo, devi sempre guardarlo negli occhi e, quando ascolti, guardargli la bocca e tenere le labbra leggermente aperte.»

«Quando ti interessa qualcuno, non devi mai dimo-
strarlo direttamente: devi *lusingare*, *attirare* e poi *fingere indifferenza*.» Sapeva tutto: per ogni situazione aveva una regola da seguire, non c'era niente di naturale in lei.

Io seguivo tutti i suoi *insegnamenti*, facevo tutto come lei mi diceva di fare, senza aggiungervi niente di mio,
sembravo la sua fotocopia vivente. Ma ai ragazzi questo non doveva importare molto e poco tempo dopo i ragazzi hanno cominciato a venirmi dietro e a fare *commenti* su di me.

Angelina mi portava sempre con sé e mi invitava per-
fino alle sue famose feste. Non mi voleva bene, non lo credo. E nemmeno a me interessava essere amata da lei. Per me era un idolo, colei che sapeva sempre cosa fare in ogni situazione. Ma non rideva mai. O, meglio, non rideva mai *spontaneamente*, e una persona che non ride
mai non può essere felice. Forse si divertiva, ma non era felice, si vedeva dai suoi occhi.

Le feste di Angelina erano viste come vere *orge* perché vi partecipavano poche ragazze e tanti ragazzi. Io non potevo andare alle sue feste e non osavo neppure chiederlo ai miei genitori, perché sapevo cosa pensavano delle feste e, in particolare, delle feste di Angelina. Non

---

lusingare, far sperare
attirare, tirare verso di sé
fingere indifferenza, mostrare di non essere interessato anche se non è vero
insegnamento, atto dell'insegnare
commento, opinione su una persona
spontaneamente, in modo libero e naturale
orgia, festa dove ci si diverte in modo molto libero e senza morale

potevo fare altro che sognare o pensare a qualche modo, sistema, scusa qualsiasi per potervi partecipare almeno una volta. Per poter entrare nel mondo delle puttane. Certo non possedevo un vestito adatto, ma Angelina mi aveva promesso di prestarmi uno dei suoi vestiti. E pen- 5 savo a come fuggire per qualche ora per vivere la mia avventura.

L'idea è venuta a Angelina. Le è venuto in mente di venire a casa mia, un pomeriggio, per chiedere a mio padre di lasciarmi andare a casa sua per fare una *ricerca* 10 dato che io non avevo i libri necessari.

Mi sembrava una buona idea ma non volevo far vedere a Angelina come vivevo. Avevo visto i suoi genitori un giorno, a scuola, ed erano *elegantissimi*; tutti parlavano della bellissima casa di Angelina, del suo salone gran- 15 dissimo con i quadri alla pareti e il *lampadario* di *cristallo*, e io pensavo a mia madre con i capelli grigi e i vestiti di mia nonna, a mio padre con la camicia lunga, sporca di terra, e alla mia casa... la stanza da letto con il lettone al centro, la cucina con il tavolo al muro e quattro sedie 20 attorno, il *lavabo* per i piatti che serviva anche per i vestiti, il bagno stretto stretto, con la *tendina* perché la

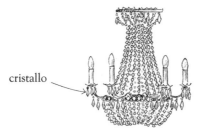

cristallo

lampadario

ricerca, si fa per studiare un particolare problema e poi scrivere il risultato dello studio
elegante, che ha vestiti di buon gusto e moderni
lavabo, tendina, vedi illustrazione pag. 35

porta l'aveva rotta mio padre con una *spallata* quando vi era rimasto chiuso e la *tinozza* grande di plastica dove ci lavavamo e infine lo *sgabuzzino* dove c'era la mia *brandina*, e fortuna che mio fratello era in Germania, se no
5 dovevamo dividerci quel piccolo spazio, come facevamo prima della sua partenza.

Mi *vergognavo* della mia famiglia, della mia casa, di quello che ero, e pensavo: «Se Angelina vede come vivo, cambia idea e non mi vuole più stare vicina». Ma
10 non potevo spiegarle tutto questo.

Quando ho detto a mia madre che quel pomeriggio veniva Angelina, lei si è arrabbiata molto perché non voleva gente del genere nella sua rispettata casa. Le ho risposto che era stato il professore a decidere che dovevo
15 fare la ricerca con Angelina e lei allora è stata zitta, perché i professori sanno sempre quello che fanno, sono intelligenti e conoscono la gente meglio di noi. Per tutto il pomeriggio mia mamma ha pulito la casa e devo dire che ci è riuscita molto bene, ma i muri erano sempre neri,
20 e Angelina è venuta con un vestito bianco, molto bello.

Avevo paura di farla sedere, anche se mia madre aveva pulito le sedie, mi sembravano sempre troppo sporche per quel vestito bianco, troppo bianco. E mia madre, che voleva essere gentile, le offriva il pane caldo, appena
25 cotto e tutto nero e Angelina mi guardava *imbarazzata*. Io desideravo sparire, non esistere. Mia madre parlava in *dialetto* e Angelina rispondeva in italiano e io stavo zitta.

---

spallata, colpo dato con una spalla
tinozza, vedi illustrazione pag. 37
sgabuzzino, camera molto piccola, brutta e senza luce
brandina, vedi illustrazione pag. 91
vergognarsi, provare vergogna
imbarazzato, che non sa che cosa fare o che cosa dire
dialetto, lingua parlata da chi non ha imparato l'italiano a scuola

tendina

lavabo

Io odiavo mia madre; sapevo che non era colpa sua e, forse per questo, la odiavo ancora di più.

Poi è arrivato mio padre ed è rimasto un po' sulla porta a guardare Angelina, stupito, ma si è avvicinato e le ha 5 dato la mano, sporca di terra, e la mano di Angelina si è *sporcata*. Io guardavo Angelina e odiavo mio padre. Ma Angelina era gentile e sorridente e teneva gli occhi bassi, quando parlava, e mio padre si è convinto a mandarmi il pomeriggio del giorno dopo a studiare a casa sua, ma 10 solo fino alle sette, massimo, perché non era bene per una ragazza girare da sola a quell'ora.

Angelina è riuscita a convincere mio padre a lasciarmi tornare alle otto perché i suoi genitori avevano promesso di accompagnarmi a casa con la macchina. Così sono 15 riuscita a dimenticare i muri neri e a pensare alla festa del giorno dopo. Sognavo già di entrare in una sala piena di luci, con i muri bianchi coperti di quadri e gli sguardi ammirati e i commenti dei quali, ormai, non potevo più fare a meno.

20 Naturalmente la notte ho dormito poco e male con il risultato che il giorno dopo non riuscivo a cancellare le *occhiaie* che avevo sul viso.

Finalmente è arrivata la festa. Angelina è venuta a prendermi alle diciassette a casa mia, ha dovuto ascol- 25 tare le ultime *raccomandazioni* di mia madre e poi final- mente siamo andate. Mi sono vergognata ancora una volta di essere povera, ma è stato ancora peggio quando sono giunta a casa di Angelina. Non era una *reggia* o un

sporcare, diventare sporco
occhiaie, profondi segni sotto gli occhi
raccomandazioni, cose che una persona dice per avvertire di un pericolo o per chiedere a q. di fare o di non fare qc.
reggia, casa di un re

palazzo, ma ai miei occhi era molto di più. Il portone chiaro, il corridoio lungo lungo e tante, tantissime stanze.

Angelina, a casa sua, ha cambiato completamente atteggiamento: mi rimproverava perché toccavo tutto, diceva che ero una *cafona*, che le mie scarpe sporcavano il *pavimento*, che le mie mani sporcavano i mobili, che potevo rompere questo o quello, e io diventavo sempre più piccola. Mi ha portato subito in bagno, anzi in uno dei due bagni, perché c'erano due bagni anche se erano solo tre, in casa: le *piastrelle* erano come uno specchio, non osavo quasi camminare su quelle piastrelle. Pensavo che Angelina forse voleva truccarmi e le ho chiesto se dovevo sedermi.

«Ma non vuoi mica venire così? Lavati, prima.»

Queste parole mi hanno offeso profondamente: ero povera, *misera*, morta di fame, ma non sporca!... Avevo usato più di un'ora a lavarmi in quella tinozza piccola, mi ero guardata e riguardata allo specchio, e non ero sporca.

Non le ho risposto, lei mi ha detto di non gettare acqua sul pavimento e di *asciugarmi* con l'*accappatoio* rosso, non

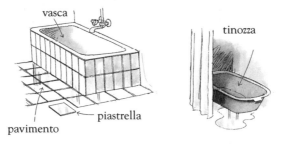

vasca

tinozza

piastrella

pavimento

cafone, persona che vive in campagna: si dice per offendere
misero, che vive in miseria
asciugare, togliere l'acqua
accappatoio, vestito che si usa per asciugarsi dopo il bagno

con quello bianco, e è uscita. Io ripensavo al suo vestito bianco e ai muri neri. Avevo voglia di piangere ma lei è entrata di nuovo e io ho appena avuto il tempo di rialzarmi la gonna.

5 «Ma come? Non ti chiudi a chiave? Va bene che vuoi diventare una puttana, ma evita di cominciare da casa mia!»

«Scusami, non ci ho fatto caso...»

Angelina ha richiuso la porta e io l'ho seguita e ho
10 girato la chiave.

Come spiegarle che, a casa mia, non solo non c'è la chiave, ma non c'è neppure la porta, perché mio padre l'ha buttata giù e adesso ci sono le tendine e capita che se mia madre entra, mi vede nuda nella tinozza?

15 L'acqua, intanto, era già alta. L'ho toccata, era tiepida. Sono entrata nel bagno e subito ho dimenticato Angelina e le tendine e la tinozza, e sono diventata un essere umano. Sono rimasta in acqua per un quarto d'ora, poi Angelina mi è venuta a chiamare e mi sono alzata. Avevo
20 messo a terra i miei vestiti, per non *bagnare* le piastrelle, stavo attenta a ogni passo. Ho preso l'accappatoio rosso e mi sono asciugata piano piano. Poi ho raccolto i miei vestiti dal pavimento e ho aperto la porta: Angelina era dietro.

25 E' andata alla *vasca*, ha guardato l'acqua, poi ha guardato me; io ho pensato che l'acqua forse era grigia, ho pensato che forse, davvero, ero sporca.

«Perché hai lasciato l'acqua nella vasca?»

Dovevo dirle che, a casa mia, l'acqua c'è una settimana
30 sì e due no, che quando mi lavo non devo *sprecarla*, per-

bagnare, versare acqua su q. o qc.
vasca, vedi illustrazione pag. 37
sprecare, usare in modo inutile

38

ché lì si deve lavare anche mia madre, e che neanche lei butta via l'acqua, perché, con quell'acqua, lava il pavimento?

Mi sono scusata ancora una volta, lei non mi ha nemmeno ascoltato, e le ho chiesto del vestito. Mi ha risposto 5 che prima doveva truccarmi, per evitare di sporcare di colore verde o azzurro il suo bel vestito.

Alle diciotto e trenta ero pronta, con i capelli alzati, la bocca rossa, le *palpebre* azzurre, le *ciglia* lunghe e nere, il vestito azzurro di *organza* e le scarpe strette col *tacco*. Mi 10 sentivo una principessa, ma quando ho visto Angelina sono di nuovo diventata un *rospetto*: aveva un vestito lungo, nero, strettissimo, completamente chiuso davanti e molto *scollato* di dietro. Sembrava una vera signora, con la sigaretta lunga nella bocca rossa. 15

Nessuno sguardo ammirato per me; l'unica cosa che era come nelle mie fantasie era la sala: grandissima, illuminata a giorno, con i muri bianchi, pieni di quadri. Non so se erano quadri di valore, però erano belli. Ce n'era uno con una donna bionda, tutta nuda, su un letto; 20 lo guardavo ammirata, perché era bello, davvero bello.

Angelina mi ha visto e mi ha chiesto che cosa guardavo con tanto interesse. Le ho risposto che mi piaceva quel quadro. «Ma è una *crosta*!» mi ha detto.

Ero *ignorante*, e Angelina lo sapeva e per questo sor- 25 rideva e mi segnava a dito a tutti i suoi amici.

---

palpebra, ciglia, vedi illustrazione pag. 91
organza, stoffa, cioè materiale molto leggero
tacco, vedi illustrazione pag. 91
rospetto, bambino piccolo che non sa camminare
scollato, aperto sul collo
crosta, quadro che non ha valore
ignorante, che non sa e non conosce cose necessarie

Io pensavo al valore delle cose, perché un quadro è una crosta e perché un altro è un'opera d'arte. A me quel quadro aveva fatto impressione… non so come spiegarlo… E' come quando guardi il tramonto o il mare:
5 provi qualcosa che non sai spiegare e non ti chiedi neppure che cosa *sia*… Forse che il tramonto e il mare sono delle croste? Forse che perdono qualcosa del loro valore per il fatto che esistono da sempre? Il loro valore è la loro libertà, il fatto che non appartengono a nessuno,
10 ma li puoi sentire tuoi, basta che li guardi con il cuore. E, con il cuore, quel quadro era mio, perché era bello. Ma forse Angelina non ha mai guardato niente con il cuore e, forse per questo, non ha mai avuto niente di veramente suo.
15 Alla festa le ragazze erano poche, tre o quattro, i ragazzi una ventina, tutti belli e ben vestiti. Naturalmente al centro della loro attenzione era Angelina, che *ballava*, rideva, sorrideva, diventava seria, fissava interessata, fissava indifferente. E noi eravamo interessanti solo quando
20 Angelina era troppo occupata per poter seguire tutti.

L'unico che sembrava interessarsi di me era Nicola, un ragazzo di venti anni, *scurissimo*, ma con gli occhi come cristalli azzurri. Ho ballato solo con lui e gli ho parlato di me ma senza nominare la mia famiglia. Nicola era molto
25 gentile, mi guardava negli occhi e io *scordavo* tutto il *regolamento*, poi mi riprendevo e cercavo di fare come mi aveva insegnato Angelina.

Intanto l'orologio segnava le diciannove e trenta e io

---

sia, cong. presente di essere, 3a pers. sing.
ballare, muovere i piedi a tempo di musica
scuro, il contrario di chiaro
scordare, dimenticare
regolamento, molte regole insieme

dovevo andare. Angelina era su una poltrona e un ragazzo la baciava. Ero preoccupata, perché non avevo ancora visto i suoi genitori e sono andata da lei per chiedere.

Mi ha detto che i suoi genitori erano di sopra, in camera da letto, e che non avevano certo il tempo di accompagnarmi a casa. Ho avuto una paura terribile. Ma Angelina ha aggiunto subito che certamente Nicola era contento di accompagnarmi. 5

Nicola infatti era pronto ad accettare. Io temevo per mio padre: se mio padre lo vedeva? Ma non potevo tornare a casa a piedi e volevo anche star sola con lui. Io ho cambiato in fretta il vestito, mi sono lavata il viso e Nicola mi ha abbracciato e mi ha fatto salire in macchina. 10

Per la strada ha cominciato a *farmi i complimenti* e a toccarmi la gamba, e ripeteva: «Lo sai che sei diventata una bella ragazza?». 15

Io non gli toglievo la mano e *arrossivo.* Siamo arrivati a casa e lui mi ha chiesto di vederci l'*indomani*, ma io non sapevo neppure se ero viva, l'indomani! Naturalmente gli ho risposto di sì. Ha tentato di baciarmi e io sono scesa subito. 20

Mio padre era al balcone che mi aspettava e guardava la macchina. Mentre salivo le scale *tremavo*, ma mio padre non era riuscito a vedere Nicola. Aveva visto solo la macchina ed era rimasto ad aspettarmi per guardarmi con i suoi occhi indagatori. Come al solito, non mi ha 25

---

fare i complimenti, dire cose gentili per mostrare che si ammira una persona
arrossire, diventare rosso
indomani, il giorno dopo
tremare, si fa quando il corpo non può star fermo: si trema per il freddo e per la paura

fatto domande; mi sentivo *scrutata* e sporca. Poi ha spento la luce e io mi sono messa a letto.

Il giorno dopo, in classe, tutte le mie compagne mi guardavano con malizia, ma con rispetto. Alla ricrea-
5 zione mi hanno fatto mille domande: «Che cosa avete fatto? Ti ha baciato? Ti ha toccato? Dove? Dove?» E io cercavo di rispondere a tutte, nessuna doveva restare scontenta, ma lasciavo tuttavia un po' di mistero.

Poi si è avvicinata Angelina e mi ha detto che Nicola
10 aveva parlato con lei e le aveva detto dell'*appuntamento* per quel pomeriggio. Anche Angelina aveva un appun-tamento per quel pomeriggio, con Enzo, che non era il ragazzo con il quale l'avevo vista sul *divano*.

Abbiamo deciso di ripetere la scusa della ricerca e di
15 uscire tutti insieme.

Abbiamo convinto mio padre anche questa volta, e alle sedici e trenta siamo uscite. Non ho avuto il tempo di cambiarmi a casa di Angelina, perché l'appuntamento era alle diciassette, alla *Villetta*. Non siamo naturalmente
20 arrivate proprio alle diciassette, perché siamo rimaste ad aspettare fuori del giardino per un quarto d'ora, «per farci desiderare» diceva Angelina.

Finalmente li incontriamo e ci sediamo tutti su una *panchina*. Enzo saluta Angelina e le tocca il seno, e Ni-
25 cola pensa di fare altrettanto. Angelina lascia fare. Io lascio fare. Enzo la bacia, si baciano. Nicola mi bacia, ci baciamo.

---

scrutare, guardare con attenzione per scoprire ciò che non si vede
appuntamento, si fa quando si promette a un'altra persona di trovarsi in un dato luogo a una data ora
divano, vedi illustrazione pag. 91
Villetta, nome di un giardino pubblico

panchina

Nicola è un ragazzo e questo mi basta. Poteva essere
Giuseppe, Giovanni, Angelo, non importa... Un ragazzo
mi bacia e io lo bacio; un ragazzo mi tocca e io mi lascio
toccare, ma non penso ai ragazzi la notte. La notte è solo
mia, è fatta per pensare ai miei sogni, e nessuno è con me. 25
Nicola non lo penso. E non parliamo, di nulla. Seduti su
quella panchina, lui agisce e io aspetto la sua azione. Non
provo nulla, il suo bacio è qualcosa sulla mia bocca...
Ma passa un signore *anziano*, si ferma, si avvicina, mi

| *anziano*, quasi vecchio

43

dà uno schiaffo mentre grida: «Puttana! Puttana!» E' un mio zio. Mi prende per un braccio e mi trascina così per tutta la strada, fino a casa. E il dolore è così forte che non riesco nemmeno a pensare.

5   Mio padre era in campagna e mia madre *stirava*. Mio zio parla, parla e io ho ancora il segno del *ferro da stiro* su un braccio. Mia madre si mette a gridare, mentre io corro nella mia stanzetta a chiudermi a chiave. Mio padre non si fa attendere e mi avverte della sua presenza con
10 terribili colpi alla porta e parolacce. Naturalmente non apro la porta e allora mio padre la butta giù. Penso un attimo che non abbiamo più tendine, poi cominciano le *cinghiate* e non penso più.

    Quando ho ripreso coscienza, ho capito che la mia
15 vita *scolastica* si era conclusa e che il mio primo sogno era ora realtà: ero *reclusa*. Anche il secondo sogno era ora realtà: ero una puttana, almeno dal punto di vista dei miei genitori. E da tale venivo trattata. Sono rimasta tra i quattro muri neri, davanti al telaio e alle conserve
20 di pomodoro fatte in casa. Dovevo *riabilitarmi*, far dimenticare il mio *passato* e dare il tempo a mio padre di cercarmi quel santo uomo disposto a *sorvolare* sul mio pas-

ferro da stiro

stirare, usare il ferro da stiro
cinghiata, colpo che si dà con una cinghia
scolastico, della scuola
recluso, chiuso in un luogo da cui non si può uscire
riabilitare, ottenere di nuovo l'amore e il rispetto
passato, azioni fatte nei giorni e negli anni passati
sorvolare, dimenticare, non dare importanza

sato e a farmi sua sposa. Questo non era affatto il mio desiderio, ma le puttane non hanno desideri né opinioni, e nessuno si curava di chiedermi nulla.

Ogni giorno era una violenza in più per la mia mente e sono arrivata al punto di desiderare davvero un marito 5 per non dover più sopportare i silenzi di mio padre e i *pianti* di mia madre.

Cominciava a piangere piano, silenziosamente e poi il suo pianto aumentava fino a diventare fiumi, oceani di *lacrime*. Ripeteva che non riusciva a capire che sua fi- 10 glia, proprio sua figlia… e lì scoppiava a piangere. E io a poco a poco ero quasi convinta di avere fatto qualcosa di terribile, c'era però quella parte di me, quella che sopravvive *a dispetto del* tempo, dello spazio e delle violenze, c'era quella parte di me che sapeva che non avevo 15 sbagliato, almeno verso di loro. Ed era quella parte che mi impediva di accettare tutto ciò.

Eppure, anche se avevo una grande forza di volontà, era terribile per me resistere a questi *attacchi* da parte di mia madre. Il peggio era che non *fingeva*, davvero 20 stava male al pensiero che la sua unica figlia, per la quale aveva sempre immaginato un'ottima *sistemazione*, *era sulla bocca di tutti*. In realtà io non ero affatto sulla bocca di tutti, ma dei parenti sicuramente sì, e questo bastava a *torturare* mia madre. 25

pianto, atto di piangere
lacrime, vedi illustrazione pag. 91
a dispetto di, senza curarsi di
attacco, azione di una battaglia
fingere, mostrare un sentimento che non si ha
sistemazione, matrimonio
essere sulla bocca di tutti, essere una persona di cui tutti parlano perché si è fatto qualcosa di sbagliato
torturare, fare soffrire

Mio zio Raffaele non aveva perso l'occasione di rovinare il nome del suo odiato fratello. E mia madre da un mese (era già passato un mese, dal fattaccio!) non usciva, se non quando era strettamente necessario, e teneva gli
5 occhi bassi, come tutte le madri delle disonorate. Ma i parenti, le sorelle e i fratelli suoi e di mio padre, non le concedevano *tregua* : venivano a ogni ora del giorno per le loro visite di *conforto*.

Era la volta della zia Nunziatina, che ripeteva «Chi va
10 con lo *zoppo* impara a *zoppicare*»; della zia Ntunina, che per tutto il tempo della visita, sempre più di un'ora, non faceva che piangere; della zia Milina , che *si lamentava* di tutti i giovani e ricordava e *rimpiangeva* i bei tempi in cui erano i genitori a scegliere i mariti e le mogli; della zia
15 Ciccina, che portava da mangiare per mia madre, la trattava come una malata, e le ripeteva che di fronte alla *pancia* non c'è dolore. Soltanto lo zio Totò e sua moglie Mimmina evitavano con cura di venire o di trovarsi a passare dalle nostre parti, per non far ricordare Cettina,
20 la loro figlia di sedici anni, che da qualche mese se n'era «fuggita» con il figlio di *mastro* Giovanni, il *muratore*, e ancora non se ne sapeva niente e loro non volevano avvertire la polizia, altrimenti tutto il paese lo veniva a sapere, anche se sapevano benissimo che tutti parlavano
25 del *misfatto*.

tregua, pace, riposo
conforto, aiuto a chi è triste
zoppo, zoppicare, chi ha una gamba malata e non può camminare diritto, zoppica
lamentarsi di q., parlare male di q.
rimpiangere, desiderare che qc. ritorni
pancia, stomaco
mastro, operaio molto bravo a fare il suo lavoro
muratore, operaio che costruisce le case
misfatto, brutta faccenda

Mia madre era contenta di non vederli e di non dover avere un dolore comune con il loro, voleva essere sola...

Mia madre soffriva e non voleva essere *consolata*; voleva piangere e nessuno doveva impedirle di farlo!...

E durante queste visite fingeva indifferenza e ripeteva spesso, più a se stessa che agli altri: «Mia figlia è morta un mese fa... Ora io non ho più figlia!». Ma a questo punto scoppiava in lacrime e doveva ascoltare le false parole di conforto, e poi doveva ringraziare tutti, anche se sapeva che, appena usciti da casa sua, certamente erano contenti e godevano, come aveva goduto lei dopo la visita allo zio Totò.

Ricordo ancora benissimo che, quando era tornata a casa, sorrideva e godeva del dolore degli altri. Come sopportare ora di dare agli altri l'occasione di sorridere e di godere nello stesso modo? Come sopportare di non sentire mai nessuna parola di scusa dalla bocca di quella figlia disonorata che, *nonostante tutto*, continuava a mangiare, a bere, a dormire, a vivere, insomma? Come sopportare tutto questo?

E mia madre, alla lunga, non è infatti riuscita a sopportarlo.

Adesso ai pianti, sempre meno silenziosi e sempre più disperati, si accompagnavano altre scene di dolore: mia madre si accasciava improvvisamente a terra, si rialzava e ricadeva a terra; questo per tutta la giornata. Mia madre ormai non preparava neppure più da mangiare, e quindi alle sue *grida* si univano quelle di mio padre.

Io *assistevo* a tutto ciò da dietro la porta o, meglio, la

consolare, dire parole gentili a chi è triste
nonostante tutto, senza curarsi di niente
grido, atto di gridare
assistere, partecipare

tendina (fatta con un vecchio *lenzuolo*) della mia stanza, dalla quale uscivo solo per andare in bagno. Non vedevo quindi da vicino mia madre accasciarsi a terra, e se, da una parte, questa poteva considerarsi una fortuna, perché
5 mi evitava di vedere il dolore terribile di mia madre, dall'altra aumentava la mia paura perché la mia fantasia, quando mia madre cadeva, mi faceva pensare a qualche colpo terribile o a qualche malattia altrettanto terribile.

Una volta in particolare mi sono preoccupata molto
10 seriamente. In genere mia madre *impiegava* cinque, sei, al massimo sette secondi per rialzarsi da terra e tornare a gridare; ma questa volta l'avevo sentita cadere, e avevo sentito il rumore di un piatto che si rompeva.

Io sapevo bene che mia madre non era come le altre
15 donne che rompono i piatti quando si arrabbiano; vivevo in quella casa da più di quindici anni, ormai, e sapevo, ricordavo come una cosa terribile se qualcuno di noi rompeva un bicchiere. Figurarsi per un piatto, dal momento che i nostri piatti erano contati... Quindi, ne
20 ero sicura, mia madre non rompeva piatti, neppure in un momento di *pazzia*. Oltre a ciò, che già di per sé era molto preoccupante, mia madre non si decideva ad alzarsi.

Per i primi dieci secondi non mi sono preoccupata, perché tale ritardo poteva considerarsi normale; ma
25 quando i secondi sono diventati venti e poi trenta e poi ancora di più (ho smesso di contarli, perché ero troppo in *ansia*), la mia fantasia ha cominciato a farmi pensare cose terribili...

lenzuolo, vedi illustrazione pag. 91
impiegare, usare del tempo
pazzia, malattia di chi è pazzo
ansia, paura

Ed ecco vedevo mia madre distesa in un lago di sangue, io la toccavo, la *scuotevo* e in quel momento arrivava mio padre o qualche mio zio e mi trovava con il corpo senza vita di mia madre, le mani e il vestito sporchi del suo sangue... Certamente venivo accusata di *matricidio!* 5

Tutto questo l'avevo pensato dai primi venti secondi fino ai trenta; dai trenta ai cinquanta, circa, avevo pensato ad un film di Agatha Christie: mia madre aveva finto di cadere e aveva rotto quel piatto proprio per farmi uscire e uccidermi senza pietà... Ma poi ho pensato 10 che mia madre non aveva mai visto un film di Agatha Christie e non aveva neanche mai letto un suo libro...

Non potevo più resistere e quindi sono uscita dalla mia camera per dare un'occhiata.

Mia madre era stesa a terra, vicino al tavolo, con le 15 mani aperte che toccavano un piatto rotto! Mi sono avvicinata per vedere se era ancora viva e ho visto la sua mano stringere il piatto rotto: era viva e ora cercava di alzarsi.

Con un po' di fatica si è alzata, quando è stata in piedi 20 si è girata dalla mia parte e mi ha visto. Allora ha cominciato a urlare, sempre più forte. Mi urlava improperi terribili, uno dopo l'altro, e *tremende maledizioni.*

E io correvo, correvo e scappavo, giravo intorno al tavolo perché certo mia madre non si fermava mentre 25 gridava, anzi si arrabbiava sempre di più perché non riusciva a colpirmi. Poi ha smesso, è andata nella stanza da letto e si è buttata, a peso morto, sul lettone.

---

scuotere, tirare una persona avanti e indietro con forza
matricidio, atto di uccidere la propria madre
tremende maledizioni, parole molto brutte che si dicono per maledire

Purtroppo, questo avvenimento non posso ricordarlo per il resto della mia vita come una delle tante corse per casa per evitare e fuggire alle *ire* di mia madre, ma devo ricordarlo come l'inizio di una nuova *fase* della mia
5 vita. Infatti mia madre dal letto gridava adesso che non mi voleva più in casa sua, che le toglievo dieci, ma che dieci!, venti, ma che venti!, trent'anni di vita, che dovevo morire io, non lei, ma poi ci ripensava e aggiungeva che «l'erba cattiva non muore mai» e tornava a piangere
10 e a gridare.

Mio padre l'ha trovata così, quando è rientrato e perciò hanno deciso che non potevo più vivere con loro.

Mio padre ha preso questa decisione non certo per pietà verso mia madre o perché non poteva più soppor-
15 tare la mia presenza in casa, anche perché per lui io non esistevo come persona. La vera causa di questa decisione era dovuta al fatto che da oltre una settimana, ormai, mia madre non preparava più da mangiare e non puliva la casa e lui, sempre stanco, tornava dalla campagna e doveva
20 non solo prepararsi da mangiare, ma anche cercare di far mangiare la moglie.

Per me non cambiava nulla, perché io mi nutrivo di pane e del mangiare avanzato che riuscivo a trovare la notte senza farmi sentire.
25 E così hanno deciso di mandarmi da qualche altra parte. Il problema, ora, era dove mandarmi in modo da non vedermi mai più e mai più sentire parlare di me.

Io, come al solito, ascoltavo tutto e cercavo di non perdere una parola dei loro discorsi; pensavo anch'io a
30 dove potevo andare e ero felice all'idea di non sentire più

ira, sentimento che si ha quando si diventa cattivi
fase, periodo

50

i pianti e le grida di mia madre.

Certo non potevo sperare di essere mandata a Roma, da mia zia Camilla... ma poi, perché no? In fondo era un modo per tenermi distante da loro e per non sentir più parlare di me. No, era stupido anche solo avere un'idea simile: Roma era una città di *perdizione*, e mio padre non faceva che ripeterlo quando la zia Camilla veniva a trovarci con suo marito e i suoi figli, che godevano della massima libertà. E allora, dove potevano mandarmi?

L'ho saputo qualche giorno dopo. Ancora mia madre non preparava da mangiare e continuava a non occuparsi della casa, e mio padre cercava di *affrettare* le cose il più possibile.

Una sera arriva a casa come al solito, stanco come al solito, e chiede da mangiare. Mia madre gli risponde che non ha preparato nulla, perché è stata male, come al solito. Lui grida improperi come al solito, poi si siede e si prepara da mangiare.

Prima di incominciare chiama mia madre che era distesa sul letto e la fa sedere vicino a sé. E così, bene o male, dice: «Oggi ho visto mio cognato... Vincenzino.»

«Lo sapeva, non è vero? Pure lui lo sapeva, non è vero?»

«Senti non cominciare a fare le tue solite storie, fammi parlare... Sì, lo sapeva... Per favore, ti ho detto, non metterti a piangere, sai che non ti sopporto, quando fai così!» E si gira dall'altra parte, *addenta* un pezzo di pane e dice: «Anche l'*appetito* mi fai passare...»

Allora mia madre si asciuga le ultime due lacrime e

perdizione, peccato
affrettare, fare in fretta
addentare, prendere con i denti
appetito, voglia di mangiare

51

dice: «Avanti, che ho smesso, ora mi passa... Forza, parla...»

«Con la speranza che hai finito davvero... Allora, ti dicevo... Ah, ho visto Vincenzino e mi ha chiesto se era vero il fatto di Annetta... Se non la smetti, non dico più niente, hai capito? Cosa ti dicevo? Lo vedi? Ora non ricordo più, accidenti!»

E io, dalla mia cameretta, ascolto tutto il discorso, parola per parola, e sto per uscire perché non ce la faccio più ad aspettare.

«Hai finito, finalmente? Ohhh... Allora, Vincenzino mi ha detto che non è venuto, perché Vannina si è sentita male... Allora gli ho detto che anche tu ti sei sentita male... E lui mi ha chiesto il perché... Insomma gli ho detto ogni cosa e lui mi ha risposto che Annetta la potevano tenere in casa loro... Mi ha detto che, per loro, non ci sono problemi, perché Giovanna ancora non sta del tutto bene e le serve un aiuto per i lavori di casa e che se la tengono fino a quando vogliamo noi...»

«E tu, cosa hai risposto?»

«Per me, se la possono tenere per sempre...»

Io ero rimasta in silenzio ad ascoltare, anche perché non volevo perdere neppure una parola dei loro discorsi, ma ora non potevo più resistere e, come presa dalla pazzia, mi sono messa a gridare: «NO! Io, dallo zio Vincenzino, non ci vado, non ci vado e non ci vado!»

Mia madre, quando mi ha vista, mi ha coperta di insulti.

Mio padre, invece, ha cercato di calmarla e ha detto: «Silenzio, silenzio, sentiamo perché non ci vuole andare.»

Mio padre insisteva, senza pietà per il mio *pudore* di

pudore, senso di vergogna che si prova quando non si vuole parlare del proprio corpo o dei propri sentimenti

52

adolescente: «Allora? Perché non ci vuoi andare? Guarda che è finito il tempo di fare la *capricciosa* e di fare di testa tua. Qua *comando* io e si fa quel che dico io... Tu, domani, te ne vai a stare là!»

«E io mi ammazzo... Voi lo sapete perché non ci voglio andare!» 5

«Stai zitta, che non solo sei puttana, ma anche bugiarda!»

Sono andata a piangere e a pensare nella mia stanza. A ripensare a quella storia di sei anni prima, che ormai 10 credevo dimenticata e passata per sempre.

Avevo meno di dieci anni. In quel periodo più che con i miei genitori stavo con mia nonna, la madre di mio padre. Eravamo una famiglia unita: in quella casa si *riunivano* i fratelli e le sorelle di mio padre, con i loro 15 figli. Io ero la nipote *prediletta*, sia da mia nonna che dai miei zii. Lei, addirittura, la chiamavano «la nonna di Annetta».

Era un periodo davvero felice della mia vita: uscivo da scuola, andavo da mia nonna che abitava a pochi metri 20 di distanza e lì restavo per tutto il pomeriggio e la sera; a volte dormivo pure là. Giocavo con i miei cugini e con i miei amici. Alcune volte andavamo da mia zia Vannina, che ci faceva giocare o ci raccontava storie di *spiriti*. 25

Mia zia Vannina era la sorella minore di mio padre e

capriccioso, chi si comporta in modo strano o pretende cose impossibili
comandare, decidere, dare ordini
riunire, mettere insieme nello stesso luogo
prediletto, preferito e amato più degli altri
spirito, vedi illustrazione pag. 54

aveva un carattere *allegro*. Per noi bambini era una festa andare a casa sua perché ci sentivamo più amati che a casa nostra. Lei era bambina con noi, ci faceva giocare, ma ci faceva anche sentire grandi: ci faceva lavare le
5 scale, i piatti, i vestiti. E noi lo facevamo volentieri.

Non ci ha mai picchiato e ci amava tutti allo stesso modo. Neanche i suoi figli li trattava meglio di noi: era la zia Vannina di tutti. Viveva in una vecchia casa, vicino a quella di mia nonna, perciò era molto facile andare da
10 lei al pomeriggio.

Io stavo molto bene con lei perché era buona e divertente, ma volevo molto più bene a mia nonna, anche se mia nonna non era molto giusta, anzi! Voleva più bene a me che a tutti e non perdeva occasione per dimostrar-
15 melo, perfino quando erano presenti gli altri nipoti con i loro genitori. A dire il vero, in quei tempi non mi accorgevo, o non volevo accorgermi, di questa *ingiustizia*. Gli altri, naturalmente, si trovavano meglio con mia zia.

Spesso mia zia Vannina mi invitava a dormire a casa
20 sua e i miei genitori mi lasciavano andare perché, come ho già detto, mia zia abitava vicino a mia nonna, e

spirito

formaggio   olive

allegro, felice e contento
ingiustizia, cosa non giusta

54

quindi per i miei genitori non c'erano problemi. Poi mia zia ha cambiato casa e è andata ad abitare in una zona che era al lato opposto del paese. Era quindi più difficile passare del tempo con lei: doveva esserci qualche motivo importante per andare a casa sua. 5

Avevo tanta *nostalgia* di quei pomeriggi e forse anche mia zia sentiva un poco la mia mancanza e un giorno mi ha invitata a passare qualche giorno da lei. Io ero contenta ma mia nonna non voleva lasciarmi andare perché diceva che era troppo lontano e che non poteva stare 10 senza di me per tanto tempo. Ho parlato molto con la nonna e finalmente l'ho convinta dopo che mio padre aveva detto di sì.

La casa di mia zia era circondata da erba e alberi, e la mattina presto passavano i *pastori* con le *pecore*. Io ero 15 felice di essere dalla zia.

Mio zio Vincenzo era proprio il contrario di sua moglie: non si interessava di nulla e lavorava il meno possibile. Mia zia amava molto le sue figlie e per loro accettava qualsiasi tipo di lavoro; ma erano molto poveri. 20

Mia zia soffriva molto di questa condizione e sperava in una vita migliore per le sue figlie. In un certo periodo lo zio Vincenzo era andato in Svizzera a lavorare, ma era ritornato dopo un anno o *giù di lì*, senza un soldo e con alle spalle solo una bella avventuretta con una svizzera. 25

Quando sono arrivata a casa sua, mia zia si è mostrata molto contenta; ha invitato i miei genitori a entrare, ha offerto loro del *formaggio* e delle *olive* e mi ha mandato a giocare con le mie cugine. Dopo mezz'ora i miei genitori

nostalgia, desiderio di ritornare a tempi passati o di rivedere una persona
pastore, *pecora*, vedi illustrazione pag. 62
giù di lì, circa

sono venuti a salutarmi, perché dovevano andare via. Era inverno e la zia ci ha preparato la cena e poi, mentre mangiavamo, ci raccontava particolari interessanti di una vecchia storia per bambini.

5   Quando finalmente siamo andati a letto io mi sono subito addormentata.

L'indomani mattina ero l'unica bambina in casa, perché le mie cuginette erano andate a scuola, mentre io ero libera dal mio dovere: quei giorni erano una vera
10 vacanza per me. Quando mi sono alzata, ho visto mia zia sulla porta e le ho chiesto dove andava. Mi ha risposto che usciva un attimo per farsi dare della *verdura* da una vicina; ha aggiunto che non dovevo avere paura, perché in casa c'era lo zio e quindi non ero sola.

15 Ero in cucina per fare colazione. Ero seduta vicino al tavolo e bevevo il mio bicchiere di latte fresco, quando ho avvertito una presenza alle mie spalle, mi sono girata ed era lui. Mi ero sempre sentita un poco imbarazzata con lui, perché con noi bambini era sempre *distaccato* e non
20 ci rivolgeva quasi mai la parola.

Mi ha guardato un po' senza parlare, poi mi ha detto: «Ti piace il latte? Non è buono?»

Ho risposto di sì e ho continuato a bere con lo stesso *imbarazzo*.

25 Poi, non ricordo come è stato, si è avvicinato, ha preso una sedia, si è seduto accanto a me e ha cominciato a toccarmi sulle gambe, sotto il vestito, sotto le *mutandine*. Non ricordo proprio quanto è durato e se lo zio mi ha

---

verdura, foglie verdi e fiori che si mangiano
distaccato, che si tiene lontano, che non si interessa
imbarazzo, senso che prova chi è imbarazzato perché non sa che cosa fare o che cosa dire
mutandine, vedi illustrazione pag. 91

detto qualcosa; forse ha ragione Freud quando parla di processo di *rimozione*, perché ogni volta che penso a quello che è accaduto quella mattina vedo quella stanza, ma ricordo solo che ero *paralizzata* e che non potevo nemmeno dirgli di smettere. Di una cosa però sono certa: 5 non ho fatto nulla per farlo smettere.

Finalmente è arrivata mia zia e lui si è alzato e mi ha detto: «Poi, continuiamo».

Quella sera è venuto mio padre con mia nonna, e io me ne sono andata. 10

Non avevo capito che cosa era successo. Non l'avevo capito allora, mentre succedeva, e non l'ho capito per parecchio tempo.

Non deve sembrare strano: avevo quasi dieci anni, è vero, ma chi doveva spiegarmi che quel che mi era stato 15 fatto era male? Mia nonna? Era grande, anziana. Mia madre? Ho già raccontato come mi aveva spiegato che cosa sono le mestruazioni…

Così ho scordato quello che era accaduto, o almeno credevo di averlo scordato fino a quando, qualche mese 20 dopo, mia cugina Rosa ha cominciato a parlarmi di ragazzi, di baci e di amore. E allora mi è tornato in mente quello strano *episodio* e, siccome avevo *intuito* che in qualche modo c'entrava con il suo discorso, le ho raccontato il fatto. La reazione di Rosa mi ha fatto finalmente capire 25 l'importanza di ciò che mi era accaduto. Mi ha guardato *inorridita* e poi mi ha detto: «Oddio!!! Quella è una cosa brutta!».

rimozione, si fa quando si prova a dimenticare una cosa che ha dato dolore, che ha fatto pena o paura
paralizzato, malato che non si può muovere
episodio, fatto, cosa accaduta
intuire, accorgersi, capire
inorridito, che ha visto o ascoltato una cosa terribile

57

In quel periodo mia nonna era all'ospedale, perché pochi giorni prima era stata molto malata. Il dottore, molto giovane, aveva detto: «*Infarto*». Io non avevo capito la parola «infarto», ma il dottore non sembrava preoccu-
5 pato e io non avevo capito che era una cosa grave.

Quando Rosa mi ha detto che quella era una cosa brutta, ho avuto paura e non ho trovato il coraggio di confessarla a mia madre. Temevo di essere picchiata, ma non era solo questo: mi sentivo in imbarazzo a parlare di
10 qualcosa di sporco, di molto sporco, come aveva detto Rosa.

Così ho deciso di parlare con mia nonna, che con me si era sempre dimostrata buona e *comprensiva*. Quando l'ho detto a mia nonna e mia nonna mi ha chiesto se era
15 vero, le ho risposto di sì.

«*Porco*! *Scandalizzatore* di bambini» e si mette a piangere.

Tre giorni dopo mia nonna muore.

Qualche giorno dopo il *funerale* mia madre, che era
20 molto legata a mia nonna, mi ha chiamato e davanti a mio fratello mi ha chiesto: «E' vero quello che hai raccontato alla nonna?».

Ho risposto con un cenno della testa, perché ero imbarazzata.

25 «Non te lo potevi tenere per te? Sei stata tu a far morire tua nonna!»

---

infarto, grave malattia del cuore
comprensivo, che mostra di comprendere le pene ed i problemi degli altri
porco, animale molto sporco, si dice anche di persona senza morale
scandalizzatore, chi fa o dice cose che fanno venire pensieri cattivi o che fanno provare vergogna
funerale, si fa per dire addio a una persona appena morta

E lì si è concluso il discorso e mai più è stato riaperto.

Io non ci ho mai capito nulla: i miei genitori sembrano dare tanta importanza al mio onore e a quello della famiglia, allora, come hanno potuto sopportare questo? Non parlo per me, parlo per loro. Poi, il mio è anche un altro discorso, perché io ho continuato a *subire* questa violenza per anni: la violenza di vederlo entrare a casa mia, tranquillamente. La violenza di non poterlo odiare davanti a tutti, di *addossarmi* la sua colpa e perfino quella di Dio, perché, secondo mia madre, ero stata io a far morire mia nonna.

E allora ho preferito rimuovere quel racconto dalla mia mente, impedirmi di pensarci e, per questo, impedirmi di pensare a mia nonna, che era quanto di bello e di pulito avevo. E non sono più passata da quella via, dalla via della mia infanzia.

E ora loro volevano mandarmi a vivere a casa sua, sapendo che era rimasto qualcosa *in sospeso*, fra me e lui; sapendo che lui mi aveva detto: «Poi continuiamo».

Sono rimasta tutta la notte a pensare a cosa fare: volevo scappare, avvertire la polizia, farmi aiutare da qualcuno, uccidermi... Qualsiasi cosa, pur di non andare da lui, ma mio padre si era posto davanti alle tendine per impedirmi di *sfuggire* alla sua volontà.

Non avevo nessuno ad aiutarmi. Pensavo a mia nonna, lei sì mi voleva bene; ma era morta.

L'idea di mia nonna che dall'alto mi guardava mi ha consolato e ho cominciato a parlarle per un po': «Nonnina, mi devi scusare se è da tanto tempo che non ti

---

subire, essere costretto a sopportare
addossarsi, prendere su di sé
in sospeso, che non è ancora finito
sfuggire, evitare di fare qualcosa

parlo… Tu sai perché non l'ho fatto… La mamma mi
ha detto che sono stata io a farti morire, quando ti ho
raccontato quel fatto… Io non penso di essere stata io,
ma, se per caso è stata colpa mia, te lo giuro, non vo-
5 levo… Devi scusarmi se non ti ho vista quando eri in
mezzo alla casa (morta) ma tu lo sai che ho paura. Ora, ti
volevo chiedere un favore… Tu sai che tuo figlio mi vuol
mandare da quello là… Nonnina, te lo chiedo per favore,
non mi ci fare andare… Lui mi ha detto che voleva
10 continuare a fare quelle cose e io non so come devo
fare… A papà non interessa più niente di me, vedi come
fa, come si comporta con me? Io so che ho sbagliato a
fare quelle cose con quel ragazzo, però, nonna, secondo
te è giusto trattarmi così? E poi, hai visto i tuoi figli e
15 le tue nuore come sono *soddisfatti*? E questi erano quelli
che mi volevano bene… Io so che solo tu mi hai voluto
bene… Perché sei morta nonnina? Perché mi hai lasciato sola con questi?… Per favore, aiutami, nonna,
dillo a qualcuno, lassù, non dico proprio al Signore, ma a
20 qualche santo disposto ad ascoltarti… Parlagli, spiegagli
tutto, digli che accendo tre *candele*, quando mi fanno
uscire di qui… E digli pure che, se mi aiuta, ogni
domenica *andrò* a messa… Se non bastano queste cose,
fatti dire cosa c'è bisogno e io prometto che lo faccio

candele

soddisfatto, contento perché ha ricevuto quello che desiderava
andrò, futuro di andare, 1a pers. sing.

60

subito, va bene?» E, *rasserenata*, mi sono addormentata.

Dopo qualche ora vengono a svegliarmi: è mio padre che mi ripete che sono già le otto e che devo preparare la valigia per andare. Mi alzo subito. Solo dopo qualche minuto ripenso alla *preghiera* della sera o, meglio, del mattino, e non posso fare a meno di rivolgere con il pensiero un «grazie» pieno di *ironia* a mia nonna e a tutti i santi, amici suoi del Paradiso. Ma, insomma, con trecentomila santi che abbiamo, uno *disoccupato*, che *voglia* interessarsi a me, proprio non è riuscita a trovarlo? Ora so di non aver ricevuto aiuto nemmeno dalla nonna, e questo mi fa sentire ancora più piccola e sola.

Mio padre e mia madre preparano le valigie; partiamo.

Quando arriviamo da mia zia, lei è dentro. Entriamo dalla porta sempre aperta e la troviamo in cucina che prende il caffè. Quando mi vede, è, come al solito, molto *espansiva*: mi abbraccia, mi bacia e mi chiede come sto. Mi rimprovera per non essere andata a trovarla, quando stava male, io le rispondo abbassando lo sguardo, lei capisce e mi fa un cenno *d'intesa*, come a dire «Io sono dalla tua parte». Poi si rivolge ai miei genitori e chiede a mia madre come sta.

Mia madre risponde con la solita voce triste: «Come devo stare, con questa puttana? Mi ha tolto dieci anni di

---

rasserenato, che è diventato sereno, che non teme più
preghiera, atto di pregare
ironia, contrario di serietà, atto di ridere di sé stessi
disoccupato, che non ha lavoro
voglia, cong. pres. di volere, 3a pers. sing.
espansivo, che dimostra chiaramente il proprio amore
intesa, accordo tra persone

pecora

pastore

62

vita...» E mio padre *assente* col capo e mia zia non dice niente.

E' tipico di mia zia Vannina non mettersi mai contro nessuno, dare l'impressione di essere solo dalla tua parte! I miei genitori rimangono solo pochi minuti, mentre io porto le mie cose nella stanza delle mie cugine. Sento mia madre che piange e che dà le ultime raccomandazioni su come la zia deve trattarmi. Poi vanno via e mia zia mi chiama in cucina.

Mi dice subito che non devo preoccuparmi di nulla, che lei mi vuole bene e che certo non pensa di trattarmi come una *schiava*, come mia madre le ha più volte raccomandato.

Per un attimo penso di parlarle di suo marito, di quello che ha fatto e del mio *timore*, ma poi non ne ho il coraggio; se poi lei non mi crede e comincia a odiarmi anche lei? Mi sento nuovamente protetta ed amata e non voglio *sciupare* questo momento con i miei timori che, forse, sono *esagerati*, senza motivo.

Mi chiede che cosa era successo, perché ne aveva sentite di tutti i colori: c'è chi le ha detto che ero stata scoperta da mio padre mezza nuda con un vecchio...

Le racconto cos'era successo, le dico dei pantaloni, di Angelina, della festa, di Nicola, di quello che abbiamo in realtà fatto, e lei ha un'espressione *intenerita*.

«Ai miei tempi, quando avevo la tua età, anch'io stavo con un ragazzo... Non facevamo niente, però è venuto a

assentire, fare segno di sì
schiavo, persona che non è libera perché un padrone la possiede
timore, atto di temere
sciupare, rovinare
esagerato, troppo grande
intenerito, che mostra pietà

63

saperlo il nonno e mi ha *ammazzato di botte*... Poi non mi ha fatto più uscire di casa e, solo dopo tre anni, ho visto lo zio, e subito mi sono sposata con lui, anche perché non potevo mettermi a cercare il Principe Azzurro, non
5 ne avevo il tempo, e poi, come potevo farlo, chiusa in casa? Comunque, basta con questi discorsi, pensiamo a sistemare i tuoi vestiti...».

Andiamo nella stanza delle mie cugine e cerchiamo di sistemare *alla meno peggio* tutta la mia storia e i miei
10 quasi sedici anni nei due *cassetti* a disposizione.

Zio Vincenzo non è a casa, è andato a cercare lavoro e per tre ore almeno non ritorna. Un lavoro non lo trova mai e la zia Vannina, anche per quel giorno deve andare a fare il giro dei vicini, o dei fratelli per cercare di *rime-*
15 *diare* il necessario per sopravvivere... almeno per quel giorno. Le danno quasi sempre qualcosa: la gente la conosce e l'ammira.

Zia Vannina era una bella donna; aveva quel tipo di bellezza che neppure la fatica e gli anni riescono a di-
20 struggere.

La bellezza di mia zia era nei suoi occhi, nerissimi e *lucenti*, nel suo modo di camminare, sempre a testa alta, nei suoi atteggiamenti. Era alta, sorprendentemente alta, rispetto agli *abitanti* del paese ed ai suoi fratelli e
25 sorelle che non erano più di centosessantacinque centimetri; aveva la pelle *olivastra*, ed i capelli neri e lunghi.

---

ammazzare di botte, picchiare tanto una persona
alla meno peggio, in qualche modo
cassetto, vedi illustrazione pag. 69
rimediare, trovare
lucente, che dà luce
abitante, cittadino
olivastro, di colore bruno-verde come le olive

Non aveva avuto un'infanzia facile, come tutti i figli della guerra, ma per lei era stata particolarmente dura. Erano sette figli di una *fornaia* e di un *pescatore*. Zia Vannina era la figlia più piccola, ma non la più *coccolata*. Mia nonna preferiva molto mio padre, che era il 5 maggiore. Gli altri fratelli accettavano la differenza tra loro e il fratello maggiore; mia zia era più *sensibile* e, forse proprio per questo, aveva sempre sofferto. I *vantaggi* dei quali godeva mio padre erano molti: tra l'altro mio padre era l'unico che poteva continuare ad andare a scuola, 10 anche se zia Vannina mi raccontava sempre che era lei a spiegargli quello che lui leggeva dieci volte, sempre senza capirlo. Aveva frequentato fino alla quinta *elementare*, anche se poi la notte andava a leggere *di nascosto* i libri di mio padre. Aveva dovuto rinunciare ad imparare di più 15 quando mio padre aveva deciso di non andare più a scuola. Stava in casa e aiutava mia nonna nei lavori di casa, ma non per questo veniva in qualche modo considerata: sua madre non l'amava, non si sa per quali motivi. 20

Mio nonno, al contrario, la amava molto e a volte la portava anche con sé a pescare. Ma mio nonno, in quella casa, non contava quasi nulla: era mia nonna a tenere il denaro e il nonno doveva chiederlo ogni volta che ne aveva bisogno. 25

Io amavo mia nonna, ma ugualmente non posso fare a meno di giudicare il suo modo di comportarsi: mio padre

fornaio, persona che ha un negozio dove fa e vende il pane
pescatore, persona che prende i pesci in mare e li vende
coccolato, trattato con amore
sensibile, che si accorge facilmente dei sentimenti degli altri
vantaggio, condizione di favore
elementare, scuola dal 1° al 5° anno
di nascosto, senza farsi vedere

era una *semidivinità*, la sua parola, dopo quella della madre ma quasi sullo stesso piano, anche nella casa *paterna* era legge.

Quando le veniva nostalgia, la zia ci raccontava di 5 quando era giovane: era molto legata al suo passato e, nonostante tutto, sembrava amarlo profondamente. Ci diceva di quella volta che mio padre l'aveva vista con una sigaretta in mano e voleva *fargliela* mangiare accesa; di quando mio nonno l'aveva vista mentre parlava, parlava 10 soltanto, con quel ragazzo e aveva dovuto picchiarla, perché era con un suo amico che, poi, l'aveva raccontato a mia nonna; ma, soprattutto, ci parlava dei due mesi passati, a vent'anni, dalle *Orsoline*.

Era stata una sorella di mia nonna a decidere che 15 Vannina doveva farsi suora, perché era fissata con la chiesa. La zia aveva vissuto quei due mesi in profonda *solitudine*, dal momento che nessuno della famiglia andava mai a trovarla. Poi aveva visto un ragazzo, in chiesa. Non ne era innamorata, ma credeva di esserlo... 20 E come puoi non credere di essere innamorata di un ragazzo che, a vent'anni, è il primo che ti faccia sentire di essere una donna? Si erano incontrati un paio di volte, prima di essere scoperti dalla *madre superiora*. Erano stati subito avvertiti i miei nonni che erano andati subito a 25 riprenderla. I nonni hanno voluto sapere tutto di quel ragazzo, sono andati a parlare con lui e, circa tre mesi dopo, la zia Vannina era diventata la signora Amato.

semidivinità, quasi un Dio
paterno, del padre
fargliela, verbo fare + pron. gli(e)la
Orsoline, suore di S. Orsola
solitudine, stato di chi è solo
madre superiora, la suora che fa da capo alle altre suore

Non era felice, perché non era innamorata, ma non era neppure infelice. Semplicemente, accettava di vivere quella vita che le avevano imposto.

Dopo qualche anno è nata Rosanna, e lei è stata sempre molto legata a quella prima figlia. Mia nonna, quando ha 5 avuto la notizia da mio zio, ha detto: «Non siete stati nemmeno capaci di fare un figlio maschio». Poi era nata Aurelia; ma mia nonna non ha mai amato queste due nipoti e ha sempre preferito gli altri nipoti. Eppure, quando mia nonna è morta, zia Vannina era la sola a 10 piangere e a gridare. Quando parla di sua madre, mia zia piange sempre. E i suoi occhi continuano a *brillare*.

Dopo aver sistemato le mie cose, andiamo in cucina, ci sediamo, e lei si accende una sigaretta. Mi offre come al solito una sigaretta, e io, come al solito, le dico che non 15 voglio fumare. Mi invita a provare e sembra quasi offesa quando, sorridendo, le dico di no.

Forse è l'unica cosa che può offrirmi o, forse, vuole sentirsi ancora più unita a me. Già siamo piuttosto vicine perché gli avvenimenti della nostra vita sono simili, ma 20 questa mattina mia zia trova il modo di rendermi più unita a lei, e non con una sigaretta.

Parliamo ancora di quanto mi è successo, e lei mi chiede quali sono i miei desideri e i miei sogni; le ri- spondo che, per ora, il mio sogno più grande è di indos- 25 sare i pantaloni.

Sorride, poi mi chiede di seguirla. Mi porta nella sua camera da letto, apre l'*armadio* e mi dice di togliermi la gonna; prende uno dei pantaloni di suo marito e mi dice di provarli. 30

brillare, dare luce
armadio, vedi illustrazione pag. 69

La guardo per un attimo, mi tolgo la gonna e prendo quei pantaloni: sono molto larghi, ma la zia tira fuori una *cintura* e me li stringe in vita. Mi vedo nello specchio... e scoppiamo a ridere.

5 Poi lei mi guarda e mi dice delle parole così tristi che mi sento una stupida ad aver desiderato, per così tanto tempo, una cosa tanto *misera*: «Se *fosse* così facile accontentarsi e *campare*...»

Forse, più delle sue parole sono i suoi occhi a *spaven-* 10 *tarmi*: per un attimo non brillano più. Poi tornano a brillare, e lei si alza dal letto. Apre un cassetto del *comodino* che è dalla sua parte del letto e ne tira fuori un libriccino con la *copertina* di pelle marrone, me lo dà e mi dice di leggerlo quando ho un po' di tempo e vo- 15 glia di farlo.

Lo apro subito, ma lei mi chiede di non leggerlo davanti a lei, perché è già stato difficile trovare il coraggio di farmelo vedere: sono l'unica persona al mondo che sa che esiste. Capisco i suoi sentimenti e il suo pudore e, 20 fortemente *incuriosita*, le chiedo se le dispiace restare un po' sola. Mi risponde di no, così io vado nella stanzetta con il libriccino già aperto alla prima pagina. Mi butto sul letto e comincio a leggere.

cintura, (= *cinghia*), vedi illustrazione pag. 91
misero, senza valore
fosse, cong. imperf. di essere 3a pers. sing.
campare, vivere
spaventare, mettere paura
comodino, vedi illustrazione pag.
copertina, la prima pagina di un libro, più dura delle altre
incuriosito, che ha molta voglia di sapere una cosa

armadio

materasso   cassetto   comodino

15 Ottobre 1962

Oggi ho fatto 20 anni e la mamma non è venuta neppure oggi. Io pensavo che veniva papà, ma neppure lui
è venuto. Le monache non lo sanno che oggi è il mio
compleanno e io non glielo voglio dire, perché a loro non
gli interessa. Forse, però, la mamma se l'è scordato e per   5
questo non è venuta. Poveretta con tutte le cose che c'ha
da fare.

Io, però, oggi ho fatto una *poesia* e l'ho scritta sulla carta
del gabinetto; l'ho scritta quando la madre superiora
mi ha mandato nel gabinetto a pulirlo e ora la voglio   10

compleanno, giorno di ogni anno che ricorda quando è nata una
persona
poesia, vedi pag. 70

riscrivere qua perché non voglio perderla e la voglio
tenere per quando *sarò* suora e *diventerò* pure io madre
superiora:
«Vorrei essere un uccello
5   e volare via
Vorrei essere piccola
e farmi *allattare*
Vorrei essere grande
e allattare
10 Ho sognato di essere un uccello
e di volare via
Ho sognato di essere piccola
e di essere allattata
Ho sognato di essere grande
15 e di allattare
Però, mi sono svegliata ed ero qua.»

Io lo so che questa poesia non è bella come quelle di
Leopardi, però, quando leggo questa, mi viene da piangere e con le altre no.

27 Ottobre 1962
20 Sono passati dodici giorni da quella volta che ho scritto.
Non ho scritto per due motivi: il primo è che non avevo
niente da dire, il secondo è che Angelica ha scoperto
una poesia mia che avevo lasciato nel gabinetto e mi ha
accusata alla madre superiora e lei mi ha detto che non
25 devo scrivere queste cose perché Dio si arrabbia con me.
Io avevo scritto che, secondo me, nessuno mi vuole bene,

sarò, futuro di essere, 1a pers. sing.
diventerò, futuro di diventare, 1a pers. sing.
allattare, nutrire col proprio latte
Leopardi, (1798–1837) italiano molto famoso che scriveva poesie

perché nessuno mi viene a trovare mai e invece alle altre
le vengono a trovare i genitori. Angelica mi ha detto che
sono «complessata» e io non sapevo che cosa significava;
lei me lo ha spiegato e mi ha detto che significa che una
persona si sente sempre odiata da tutti e che si immagina 5
che tutti sono contro di lei. Io glielo ho detto che non era
così, che ero davvero sola, mi sono messa a piangere e me
ne sono andata. Però ho pensato cose brutte di Angelica
e ho fatto peccato.

                              10 Novembre 1962
E' tanto che non scrivo, però ora c'ho un sacco di cose da 10
raccontare, anche se ho poco tempo perché dormono
tutti.
Oggi, era domenica e siamo andate a messa alla chiesa
di Sant'Angelo. Io ero messa seduta con le altre, poi mi
sono andata a confessare, però prima di me c'era un altro 15
ragazzo. Allora io ho aspettato che lui finiva di confes-
sarsi e mi sono rimasta là vicino. Allora lui si è messo a
guardarmi in un modo che io sono diventata tutta rossa
e lui si è messo a ridere e mi guardava sempre, poi mi ha
domandato come mi chiamavo. Io glielo ho detto e glielo 20
ho domandato pure a lui. Si chiama Vincenzo ed è troppo
bello: c'ha i capelli biondi e gli occhi castani, è alto e un
po' *magro*. Mi ha detto che ho gli occhi troppo bellissimi
e io gli ho risposto che «troppo bellissimi» non si può
dire e lui mi ha detto che si doveva dire per forza perché 25
i miei occhi erano troppo bellissimi. Mi ha detto quando
ci potevamo vedere e io gli ho risposto che non potevo
uscire, perché mi dovevo fare suora e lui mi ha detto che
non mi dovevo fare suora, perché mi dovevo sposare con

| *magro*, contrario di grasso

lui. Poi ho visto che c'era Maria Luisa che mi guardava e faceva segno ad Assuntina verso di me. Allora siamo rimasti d'accordo, con Vincenzo, che lui ogni giorno, alle 10 e mezza, se ne va in questa chiesa per vedere se ci vado io. Io lo voglio vedere subito a Vincenzo, perché mi ha detto le cose più belle di tutta la mia vita. A me non sembra che questo è un peccato perché io non mi voglio fare monaca, io mi voglio sposare e avere dei figli, come tutti. Io non ho mai baciato a nessuno e non so come si fa. Ma lui mi guarda in modo troppo bello.. e poi mi ha detto che mi vuole sposare, e io pure lo voglio sposare.

13 Novembre 1962

Quanto sono felice! Oggi ho baciato Vincenzo, anzi mi ha baciata lui. Io non me lo aspettavo che lui mi baciava, però è stato troppo bello. Quando l'ho visto mi è venuto un colpo, perché in chiesa ci sono andata tardi, era già mezzogiorno. Però prima non ci ero potuta andare, perché c'era voluto molto tempo per convincere la madre superiora a mandarmi con Assuntina a fare la spesa. Quando mi ha vista, è venuto subito e mi ha detto se ero sola e mi ha fatto andare fuori con lui. Io gli ho detto che me ne dovevo andare subito e lui allora mi ha abbracciata forte forte e mi ha dato un bacio in bocca. Io sono stata ferma e non facevo niente; secondo me lui non l'ha capito che non sapevo baciare, perché se no me lo diceva. Io gli voglio tanto bene. Non lo so cosa è l'amore, però io mi voglio sposare con lui, così ci baciamo sempre.

17 Novembre 1962

E' passata una settimana dalla prima volta che ho visto Vincenzo.

Oggi ci siamo visti di nuovo, dopo quattro giorni. Ci sono andata di nuovo con Assuntina che si è vista con il suo ragazzo; l'ho visto anche io il suo ragazzo, perché questa volta ci sono andata prima alla chiesa e Vincenzino ancora non c'era. Il ragazzo di Assuntina si chiama 5 Lillo, ha ventitré anni ed è troppo bello, è più bello di Vincenzo cento volte. Lillo è stato molto gentile con me e c'era Assuntina che si arrabbiava. Lui le ha detto che ero molto bella e che ci dovevamo conoscere prima così lui si metteva con me. Poi è arrivato Vincenzo e mi ha 10 dato subito un bacio. A me Vincenzo piace sempre e mi piace pure quando ci baciamo, però mi piace pure Lillo anche se lo so che è il ragazzo di Assuntina.

23 Novembre 1962

Forse sono nei guai. Assuntina mi ha detto che con lei non ci devo uscire più perché ha detto che faccio la 15 stupida con Lillo e non posso più vedere Vincenzo, perché la domenica sono con le suore e non mi posso fermare con lui. Però a me dispiace pure che non posso vedere più Lillo. Non lo so che devo fare per vedere di nuovo Lillo. 20

1 Dicembre 1962

Sono rovinata.

Assuntina ha letto questo *diario* quando non c'ero ed è andata a dirlo alla madre superiora che io mi vedo con Vincenzo. Però non glielo ha detto che lei si vede con Lillo. La madre superiora ha detto che deve chiamare 25 mio padre e mia madre perché lo devono sapere. La mamma mi ammazza di botte quando lo sa.

> *diario*, piccolo libro dove si scrivono giorno per giorno i fatti e le esperienze personali

73

Signore aiutami tu!

23 Maggio 1966

Ieri è nata la mia figlia.
Vincenzo la voleva chiamare Ciccina però io non ho
voluto. Oggi è venuta la mamma a vedere Rosanna e ha
5 detto che è brutta. Per me è troppo bella perché ha gli
occhi chiari e i capelli biondi. Sono contenta che ho
questa figlia. Quanto le voglio bene!

7 Aprile 1967

Rosanna cresce e io non ci ho neanche il tempo per
scrivere due parole in questo diario. Vincenzo non trova
10 lavoro e c'è Rosanna che è sempre affamata. Sa già dire
un sacco di cose, però la prima parola che ha detto era
«Mamma». La mamma dice che Rosanna ha gli occhi
storti, io glieli guardo sempre però non glieli vedo storti,
ce li ha diritti e belli.

22 Maggio 1967

15 Oggi Rosanna ha fatto un anno.
Le voglio comprare un regalo però non lo so come devo
fare; lo ho detto a Vincenzo e mi ha risposto che sono una
stupida perché non abbiamo i soldi neppure per mangiare, però lui i soldi per il vino li vuole lo stesso.

17 Luglio 1968

20 Oggi è stata una giornata bruttissima.
La zia Concetta mi aveva detto che c'era una signora che
cercava una cameriera e io ci sono andata. Era Assuntina quella signora. Sta in una casa in piazza, proprio al
centro. Una casa troppo bella, tutta pulita. Quando mi

| *storto*, contrario di diritto

ha vista prima mi ha guardata perché non era sicura, poi mi ha abbracciata. Si è sposata con Lillo che non era a casa perché era a lavorare; lavora in banca e se la passano bene. Ha due figli. Non mi ha fatto fare le pulizie perché ci siamo messe a parlare. Poi si è fatto tardi e io me ne volevo andare, però lei mi ha invitata a mangiare a casa sua. Lei voleva per forza che vedevo Lillo e che lui vedeva me. E quando lui è venuto Assuntina mi ha detto di mettermi subito a fare le pulizie. Io le volevo dire di pulire da sola con le sue belle manine pulite, però c'era Rosanna che voleva mangiare e allora ho cominciato a pulire. E' entrato Lillo ed era troppo bello; era vestito elegante, un signore. Si sono dati un bacio e poi lei gli ha detto che c'ero io e lui non si ricordava di me, poi mi ha guardata meglio e mi ha riconosciuta per gli occhi. Ha detto che sono sempre bella. E c'era Assuntina che si arrabbiava e mi ha detto di pulire. Lui mi ha detto di restare là a mangiare e io gli ho detto che non poteva essere. Allora ho fatto le pulizie mentre loro mangiavano. Poi ho finito e Lillo non voleva dare i soldi a Assuntina e me li ha dati lui; mi ha dato un sacco di soldi; io glielo ho detto che erano assai e lui ha risposto che avevo lavorato troppo bene e quando avevo bisogno dovevo andare da lui.

Lillo è stato troppo buono con me ed era bellissimo. I soldi li ho nascosti perché se no Vincenzo mi fa un sacco di domande e mi dice che sono una donna di strada e poi se li prende tutti.

15 settembre 1969

Sono una donna di strada, la più *schifosa*.

| *schifoso*, persona che si comporta in modo contrario alla morale

Oggi sono andata alla banca di Lillo e l'ho visto. Avevo bisogno di soldi, però lo so che non ci sono andata per questo. Mi sono messa il vestito buono e mi sono lavata i capelli, ero truccata e parevo una signora. Lui mi ha guardata un sacco e diceva sempre che ero troppo bella. Mi ha portata al bar e mi ha chiesto cosa volevo. Siamo usciti e lui ha preso la macchina e siamo andati a fare un giro per parlare in pace. Io gli ho detto che avevo bisogno di aiuto e lui mi ha risposto che mi dava tutto quello che volevo. Poi ci siamo guardati fissi negli occhi e ci siamo baciati.

Ci vediamo domani mattina se la signora Enza mi tiene di nuovo Rosanna.

17 Settembre 1969

Ora sono proprio una puttana.

Ieri sono andata all'appuntamento e Lillo mi ha portata a casa di un suo amico. Io non volevo fare questo, non ci ho mai pensato. E' stato troppo bello anche se io lo so che abbiamo sbagliato a farlo, però è stato bellissimo.

6 Ottobre 1969

No so che devo fare, forse sono *incinta* ed è da un sacco di tempo che non faccio niente con Vincenzo e penso che è di Lillo. Ho fatto l'amore con lui solo una volta e il Signore mi ha *punita* per essere stata felice anche se solo una volta.

1 Gennaio 1971

E' cominciato un altro anno nuovo.

incinta, donna che aspetta un bambino
punire, colpire con una pena

Aurelia sta un po' male, forse devo chiamare un dottore. Lillo è un sacco che non lo vedo e ci devo andare per fargli sapere qualche cosa di nostra figlia. Vincenzo non lo sa che non è figlia sua, però forse lo ha capito, perché la tratta sempre male. Forse perché non *assomiglia* a lui. Lillo è diventato *insopportabile*, mi dice sempre un sacco di cose brutte e vuole sempre sapere quello che faccio con Vincenzo. Io con Vincenzo non faccio niente, però lui fa l'amore con Assuntina e io glielo dico sempre; lui mi risponde che lui è un uomo e non può rifiutare di fare il suo dovere di uomo.
Vorrei essere un uomo.

22 Maggio 1973

La devo finire di piangere, non vedo neanche il foglio dove scrivo.
Vincenzo se ne è andato finalmente dopo che mi ha ammazzato di botte. Io non ce la faccio più a vivere qua. Che devo fare? Assuntina glielo ha detto che Aurelia è figlia di Lillo perché Lillo la voleva lasciare per stare sempre con me. Io glielo avevo detto a Lillo di non lasciare Assuntina perché io non potevo lasciare Vincenzo e Rosanna. Pure Rosanna è figlia mia e pure a lei io voglio bene. Dopo avermi picchiata Vincenzo si è preso tutti i soldi che c'erano nel cassetto e se ne è andato. Si è andato a comprare il vino e poi quando viene a casa è di nuovo ubriaco e mi picchia e mi dice quelle cose.

assomigliare, essere simile
insopportabile, che non si può più sopportare

77

Sto quasi per cominciare a leggere un'altra pagina con le lacrime agli occhi, ma entra mia zia e mi interrompe:

«Vai a nasconderlo, via! Viene Vincenzo, via, Annetta, corri!»

5 Mi alzo subito e nascondo il diario sotto il *materasso*. Entra subito dopo lui per salutarmi.

«Annetta, sei qua? Quando sei arrivata?»

Io non rispondo e la zia Vannina ci dice di andare a tavola, perché era già tutto pronto.

10 Mentre mangiamo la zia mi guarda come a cercare una risposta, un commento nei miei occhi. Non posso farle capire in nessun modo quel che penso: ho letto quelle pagine con il cuore e ora posso giudicarla solo con il cuore. Voglio solo finire subito di mangiare, aspettare

15 che lui si *metta* a letto come si usa dalle mie parti, e tornare a leggere.

Intanto, però, devo sopportare le sue domande, i suoi commenti. Mentre continuo a mangiare, il mio pensiero corre a quelle parole: «Poi continuiamo». Poi significa

20 ora... E chi può difendermi? Mia zia? Che non è riuscita nemmeno a difendere sé stessa? Ero sola, nell'appuntamento con lui, e lui lo sapeva benissimo.

Appena finito il pranzo io mi alzo subito da tavola. Arrivata nella stanzetta, alzo il materasso e prendo il

25 libretto per continuare a leggere, forse anche per non pensare a quelle terribili parole «Poi continuiamo».

23 Maggio 1973

Stamattina sono andata dalla mamma perché Vincenzo è sempre ubriaco e ho paura che fa male ad Aurelia e gli

materasso, vedi illustrazione pag. 69
metta, cong. pres. di mettere, 3a pers. sing.

ho detto se mi faceva dormire con lei, mi ci sono pure messa a piangere. La mamma mi ha detto che me ne dovevo tornare a casa perché quello è mio marito e me lo sono scelto io. Neppure mia mamma mi vuole aiutare. Lillo non lo vedo più perché non posso uscire più 5 neanche per lavorare.
Che vita è questa?

7 Luglio 1974
La mamma è morta e loro pensano a chi tocca la casa perché non ha lasciato *testamento*. Io voglio la mamma...

16 Dicembre 1974
Anche papà se ne è andato, però lo sapevamo che stava 10 per morire, da quando è morta la mamma stava sempre male e piangeva e la chiamava. Ora sono sola, prima c'erano la mamma e il papà, ora sono sola. Vincenzo se ne vuole andare in Svizzera con un amico a cercare lavoro là. Sono contenta che se ne va, così non ho più 15 paura.

20 Dicembre 1974
Vincenzo mi ha detto che alla fine del mese se ne va con un suo amico in Svizzera. Per me se ne può andare oggi stesso, mi fa un favore, però vuole portarsi anche Rosanna perché così la fa visitare da un dottore e le fa 20 fare l'operazione agli occhi quando riesce ad avere tutti i soldi, perché costa assai. La mamma me lo diceva che Rosanna aveva gli occhi storti e io non ci volevo credere. Ho visto che Rosanna aveva gli occhi storti solo dopo

testamento, lo scrive una persona per stabilire chi deve ricevere i suoi beni dopo la morte

che è nata Aurelia. Io non voglio che Vincenzo se la porta là.

4 Gennaio 1975

Vincenzo è partito ieri e si è portato Rosanna senza che io lo sapevo.

5 Me ne ero andata a fare le pulizie dalla signorina Vincenti e quando sono venuta c'era solo Aurelia a casa che mi ha detto che era venuto l'amico suo a prenderlo e lui ha detto a Rosanna di prendere le sue cose e di andarsene. Rosanna si è messa a piangere perché non se ne
10 voleva andare senza di me e lui le ha dato uno schiaffo e se la è portata. Hanno lasciata Aurelia sola a casa. Ora io voglio andare alla banca di Lillo. Lui tra poco *divorzia* con Assuntina. Però non so che gli devo dire quando lo vedo perché è da troppo tempo che non ci vediamo.

15 Giugno 1975

15 Oggi mi è arrivata la prima lettera di Vincenzo, dopo tutti questi mesi.
Mi ha detto che si è comprato la macchina e che è andato dal dottore e lui gli ha detto che l'operazione costa un sacco di soldi e allora non gliela fa. Forse vengono a
20 Natale, però non lo sa perché il lavoro è troppo assai. Io mi vedo ogni giorno con Lillo. Lillo dice sempre che quando divorzia mi sposa, però c'è Assuntina che va sempre alla sua banca e gli telefona e non gli vuole fare vedere i bambini.
25 Io me ne vorrei andare, però da sola, non voglio stare neppure con Lillo.

divorziare, quando le autorità dichiarano che non si è più marito e moglie

80

23 Novembre 1975

Oggi è venuto Lillo e mi ha detto che ha fatto la pace
con Assuntina e che stanno di nuovo insieme. Mi ha
detto che noi ci possiamo vedere lo stesso però non ogni
giorno e io gli ho risposto che non volevo. Sono contenta che sta di nuovo con Assuntina, però io ora non ci 5
ho più a nessuno.

17 Dicembre 1975

E' venuto di nuovo Lillo a cercarmi.

Io non lo voglio vedere più, però lui viene lo stesso
perché dice che non ci può stare più con Assuntina che
è incinta e fa sempre un sacco di storie. Ha voluto fare 10
l'amore con me, io gli avevo detto di no, però lui mi ha
risposto che ne aveva bisogno.

Tra poco è Natale e viene Vincenzino.

Qui finisce il diario e io per ora non posso sapere altro.
Devo aspettare di essere sola con la zia per poterle chie- 15
dere dove era andato Lillo e come aveva potuto continuare a vivere con suo marito e cosa pensava ora.

Finalmente dopo cena lo zio esce per il suo solito giro
dei bar e, finalmente, le posso parlare. E' un po' difficile
aprire il discorso, ma mi aiuta mia zia: 20

«Hai finito di leggere il diario?»

«Sì, zia… Ti volevo dire… Ma come è finita con
quello?»

«Con Lillo? Niente, ogni tanto lo vedo, quando vado
in paese…» 25

«Ma, zia, cos'è successo dopo?»

Mia zia comincia, con qualche *esitazione*, a raccontare

| *esitazione*, sentimento di chi non è certo, non è deciso

il resto della storia: Lillo è restato con la moglie, e ancora adesso è possibile vederli la domenica mattina, in chiesa, e la domenica sera, in piazza, che passeggiano *a braccetto* con i tre figli dietro. Per quanto riguarda mio
5 zio, era tornato a Natale ed era rimasto. Da allora la vita va avanti normalmente. Ogni tanto lui le ricorda quel che ha fatto, senza considerare quello che tutti ormai sapevano, per mezzo della bocca dell'amico, e cioè che in Svizzera aveva vissuto con una donna di pessima *reputa-*
10 *zione*. Stranamente nessuno gli aveva mai parlato delle visite di Lillo, perché conoscevano mia zia e avevano grande *stima* di lei.

Le chiedo che cosa sogna ora, e lei alza le spalle. Mi chiede che cosa ne penso io di lei; non le rispondo, ma
15 l'abbraccio e piango. Ho voglia, sempre più voglia di raccontarle di suo marito. Glielo dico, alla fine, in fretta, senza particolari e commenti vari, solo il fatto come è successo. Non riesco a capire se è sorpresa, comunque mi fa piacere vedere che non *simula* sorpresa.

20 Dice: «Così porco è?». Poi pensa a me e scopre che non sono al sicuro a casa sua.

Forse per questa ragione prende la decisione più importante della sua vita: andarsene da quella casa, portando con sé le due figlie e nient'altro che poche lire e i
25 suoi nuovi sogni. Gli occhi le brillano, mentre mi dice della sua decisione.

E io? Che cosa posso fare io?

Mia zia mi dice che, naturalmente, mi porta con lei.

---

a braccetto, con il braccio di uno in quello di un altro
reputazione, opinione che la gente ha di una persona
stima, opinione molto buona delle qualità di una persona
simulare, fingere, cioè mostrare un sentimento che non si ha

Il giorno dopo andiamo da quel Lillo, alla «sua» banca, come dice mia zia, per dargli la notizia.

Mia zia è molto nervosa, anche se fa di tutto per nasconderlo. Dalle otto, quando mi ha svegliata, le ho visto fumare almeno dieci sigarette e sono appena le dieci. In principio è decisa, parla con voce sicura e tranquilla, ma, appena giunte davanti alla porta di vetro, comincia a tremare e continua a ripetere che è meglio tornare a casa. Non capisco il motivo del suo cambiamento, penso che forse la zia pensa che è un passo molto importante e grave, considerato l'ambiente in cui vive.

Capisco la vera ragione quando la zia parla con quel Lillo. E' un uomo davvero bello, molto *giovanile* e *piacevole*. Quando vede entrare la zia, viene subito da lei, le dice di attendere qualche minuto e ritorna, libero per un'ora.

Andiamo al bar e lui chiede chi sono e come mai ha portato anche me; la zia risponde solo che sono sua nipote e comincia a parlargli delle sue decisioni. Adesso ha un *tono* e un atteggiamento *dimesso* e *indeciso*. E subito dopo ne capisco la ragione: Lillo si mette a gridare come un matto e la zia non riesce a *calmarlo* in nessun modo.

Intanto tutti ci guardano e lui vuole andarsene con la zia, ma ci sono io. Mi grida di andarmene subito. Mia zia mi *supplica* di rimanere con gli occhi pieni di paura; lui

giovanile, che appare giovane
piacevole, che piace
tono, modo
dimesso, senza coraggio
indeciso, non deciso
calmare, rendere tranquillo
supplicare, pregare

83

continua a gridarmi di andarmene e la zia di restare. Poi lui le dà uno schiaffo e lei mi dice: «Vai a casa Annetta, io ritorno tra un po'».

Così me ne vado.

5 L'aspetto per un'ora, per due ore, e poi tre ore, quattro, cinque, mentre suo marito comincia già a torturarmi per sapere dove è andata. Mia zia non torna e le mie cuginette hanno da poco smesso di piangere. Sono preoccupata, la immagino morta o qualcosa del genere.

10 Sono ormai le ventitré, e di lei nessuna notizia. Le bambine sono già a letto. Mio zio sembra preoccupato, ha un atteggiamento triste. Questo fino a mezzanotte.

«Abbiamo aspettato anche troppo... Chissà dove è andata... Dai, andiamo a letto... Annetta, senti, ma tu
15 non hai paura a dormire da sola?»

«Veramente, ci sono Rosanna e Aurelia con me...»

«Lo so, lo so... Però senza tua madre e tuo padre... Sai cosa ti dico? Stanotte dormi con me, nella stanza da letto...»

20 «No, zio, dico davvero, non ho paura...»

«Dai, non fare la stupida... Ormai ho deciso così...»

«Ma, zio, ci sono le bambine da sole...»

«Non ci pensare, tu dormi con me!»

Mi prende per un braccio e mi trascina nella stanza da
25 letto. Gli dico che non voglio restare lì con lui e lui comincia a spogliarsi, resta nudo.

Allora capisco e scappo. Mi metto a correre in camicia da notte e *pantofole*, per quelle strade senza strade, in mezzo all'erba. Odio mia zia che non è tornata a casa
30 quella sera, che mi ha lasciato con quel porco!

Corro e corro. Non so neppure dove andare: a casa

| *pantofola*, vedi illustrazione pag. 91

mia? Non è più casa mia, non lo è mai stata.

Si avvicina una macchina e riconosco lui che mi suona il clacson e vuole che mi fermi; vuole farmi salire in macchina e portarmi a casa sua, tanto, dove posso andare? 5

Lo so, non posso andare da nessuna parte. I miei genitori non mi credono e non mi vogliono in casa.

Ma io non voglio andare con lui, non voglio tornare in quella casa.

Poi, mentre lui cerca di chiudermi il passaggio, ricordo 10 che da quelle parti c'è la casa di Angelina Casarotti. Riprendo a correre, riesco a evitarlo e, finalmente, entro in un *vicolo*, dove la macchina non può passare. Ma lui mi vede e scende subito dalla macchina.

Sono finalmente davanti al portone di Angelina e ho 15 appena il tempo di suonare il *campanello* che è già arrivato. Comincio a gridare e a chiamare Angelina mentre lui mi picchia e mi tira via. Si affaccia l'ingegnere e chiede che cosa succede.

«Sono Annetta! Angelina! Aiutatemi! Mi vuole am- 20 mazzare! Aiuto! Aiuto!»

Grido con più forza possibile, per cercare il suo aiuto.

«La *lasci*! La lasci subito o chiamo la polizia!»

«Lei *pensi* ai fatti suoi, altrimenti ce ne sono pure per lei!!!» 25

A questo punto l'ingegnere chiama sua moglie e le dice di avvertire la polizia, mentre lui mi viene ad aiutare.

Lo zio ora mi ha lasciato, ma vedo che ha trovato una

vicolo, strada molto piccola tra case alte
campanello, vedi illustrazione pag. 87
lasci, imperativo di lasciare, 3a pers. sing.
pensi, imperativo di pensare, 3a pers. sing.

barra di ferro e aspetta l'ingegnere davanti al portone.

Grido all'ingegnere di stare attento, gli grido «Attento! Attento!» mentre corro a chiamare aiuto.

Le strade *deserte*! I cani, solo i cani passano!

5 Poi, finalmente, una macchina. Mi metto in mezzo alla strada e grido di fermarsi: «Aiuto! Aiuto! Si ammazzano!... Venite... Correte!»

Sono in tre. Corrono a fermare mio zio che corre dietro all'ingegnere con quella barra in mano. Lo ha già
10 colpito a una spalla e grida: «Corri, ah? Corri, *cornuto*?».

Dal balcone, la moglie e Angelina chiedono aiuto, piangendo. Arriva alla fine anche la polizia mentre i tre tengono mio zio.

Andiamo tutti in *questura*. Vogliono sapere tutto di
15 me, chi sono, chi sono i miei genitori, perché mi trovavo a casa di mio zio, dov'è mia zia... Poi vogliono avvertire i miei genitori, anche se io li prego piangendo di non farlo e Angelina e i suoi genitori mi *rassicurano*.

L'ingegnere e sua moglie mi dicono che se ci sono pro-
20 blemi con i miei genitori, io posso restare a casa loro.

Poi arrivano anche loro, i miei genitori: mio padre con il suo sguardo *accusatore* – ho *dato scandalo* – vedo che ha

barra

deserto, senza persone
cornuto, parola che si dice per offendere un uomo
questura, ufficio di polizia
rassicurare, fare diventare forte e sicuro
accusatore, che accusa
dare scandalo, fare cose brutte e far parlare di sé

campanello

87

voglia di picchiarmi, ma si trattiene; mia madre non si trattiene e mi salta subito addosso e mi addenta un braccio. Ma l'ingegnere la allontana. Mia madre gli chiede che cosa vuole da lei, perché *si impiccia* degli affari di casa
5 nostra, forse non gli basta quanto ha fatto sua figlia, che ha trasformato una brava bambina in una puttana.

L'ingegnere le dice di calmarsi, che nessuno ha il diritto di picchiare una persona qualsiasi, figurarsi un figlio, e che comunque, lui non permette che lei mi *tocchi*.
10 Intanto Angelina e sua madre mi tirano da parte, vicino a loro, mi consolano, ripetendomi che non mi devo preoccupare.

Per quella notte e per molte altre notti, ho dormito a casa loro. Mi trattavano benissimo, come una sorella
15 minore di Angelina che, da parte sua, mi prestava i suoi vestiti e mi faceva uscire con lei.

E' così passato per me un mese tranquillo: avevo già scordato le miserie di casa mia, ero una ragazza del tutto normale che viveva la sua vita normale. Solo che non
20 poteva durare per sempre, il mio Eden!...

Avevo rivisto Nicola ed eravamo tornati a frequentarci: mi piaceva, aveva delle belle idee, mi parlava di *parità* di diritti fra uomini e donne, era dolce, mi *colmava* di *affetto* e di attenzioni, e io cominciavo a considerarlo
25 il mio Principe Azzurro, quello che non avevo mai cercato né sognato.

Poi i miei genitori si sono ricordati di avere una figlia e hanno deciso di venirmi a prendere, per salvare quel-

impicciarsi, parola poco gentile per dire «occuparsi»
tocchi, cong. pres. di toccare, 3a pers. sing.
parità, condizione di essere uguale
colmare, riempire, dare molto
affetto, amore

l'onore che questi giorni a casa di Angelina avevano *messo a repentaglio*. Si parlava molto di questa mia *relazione* con Nicola e tutti aspettavano di vedere i miei genitori *regolarizzare* la cosa e trovarmi il padre-marito se Nicola si rifiutava di fare il suo dovere. 5

Mio padre ha voluto sapere della famiglia di Nicola e, senza dirmi niente, è andato a trovare i suoi genitori, per vedere di *chiarire* la situazione. Per sua fortuna, ha trovato gente come lui che lo ha rassicurato circa le serissime intenzioni del loro figlio. 10

L'anno dopo io e Nicola ci siamo sposati e siamo andati a costruire la nostra nuova, e non so fino a che punto voluta, famiglia.

Da allora sono passati molti anni, ho assistito a vere *rivoluzioni* nel mio paese, le ragazze escono tranquillamente da casa, i genitori non sono più molto *severi*, 15 quasi tutte frequentano le scuole e alcune, addirittura, l'università. Ma io non ho mai potuto portare i pantaloni.

Gliel'ho detto alla zia Vannina, quando è venuta a 20 trovarmi (era scappata con Lillo, ma si erano lasciati e ora era l'*amante* di un *facoltoso* dottore, sposato con figli, mentre suo marito era in *prigione*); gliel'ho detto e

---

mettere a repentaglio, mettere in pericolo
relazione, rapporto di amore
regolarizzare, sistemare secondo le regole
chiarire, mettere in chiaro
rivoluzione, si fa quando in una società cambiano
improvvisamente tutte le regole
severo, legato ai principi della morale e dell'onore
amante, chi è sposato ma è legato ad un'altra persona da una
relazione di amore
facoltoso, ricco
prigione, luogo dove vengono chiuse le persone giudicate per una
colpa che hanno commesso

lei mi ha risposto: «Annetta, ma perché ti sei sposata?»

«Posso cambiare una testa, non tutte le teste.»

Lei si è fatta seria. Poi abbiamo ripensato a quella volta che avevo provato i pantaloni di suo marito, e ci siamo messe a ridere.

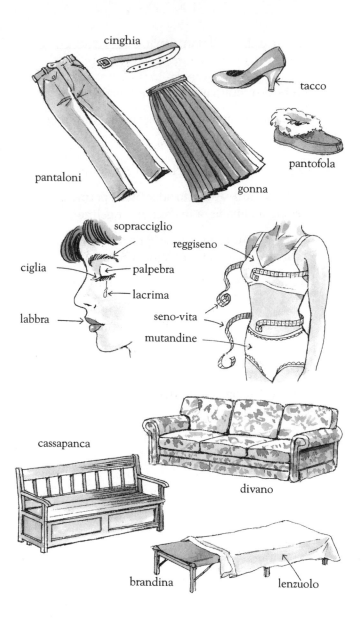

cinghia

tacco

pantaloni

gonna

pantofola

sopracciglio

reggiseno

ciglia

palpebra

lacrima

labbra

seno-vita

mutandine

cassapanca

divano

brandina

lenzuolo

91

1. Perché Annetta vuole farsi monaca?

2. Che cosa impara Annetta da suo cugino Angelo?

3. Chi è Angelina? Come vive?

4. Che cosa insegna Angelina ad Annetta?

5. Come ha fatto Annetta ad avere il permesso a participare alla festa in casa di Angelina?

6. Perché i genitori mandano Annetta a stare con la zia Vannina e con lo zio Vincenzo?

7. La zia Vannina come aveva incontrato Vincenzo la prima volta?

8. Chi è Assuntina? Assuntina e Vannina in quali occasioni della loro vita si incontrano?

9. Chi è Lillo?

10. Come è Nicola con Annetta? Come finisce la loro storia d'amore?

1. Questo libro non racconta solo la storia di una ragazza, Annetta, ma anche la storia della zia di Annetta, Vannina. Quali cose hanno in comune le storie di queste due donne?

2. Come sono gli uomini in questo libro? Prova a trovare gli aggettivi che Annetta usa quando parla degli uomini.

3. Quale rapporto ha Annetta con suo padre? Questo tipo di rapporto era una cosa comune per le ragazze di Licata? Trova alcune frasi del libro adatte a dimostrare quello che dici.

4. La madre di Annetta e la madre della zia Vannina non dimostrano amore per le loro figlie. E' possibile per una madre non amare sua figlia? Da che cosa può dipendere questa mancanza di amore?

5. Nel libro si parla molto di ragazze e donne che vengono picchiate. In Italia non è permesso picchiare una persona. Perché le donne di questo libro si lasciano picchiare?

6. Prova a fare la parte di Angelina che insegna ad Annetta come comportarsi con i raggazzi.

7. Annetta dice che Angelina è molto libera. Secondo te è vero? Perché?

8. Annetta, anche se lo ha sempre desiderato, non ha mai potuto portare i pantaloni. Che cosa significano per lei i pantaloni? Nel tuo paese i pantaloni hanno lo stesso significato?